「水星逆行」占い

「運命の落とし穴」が幸運に変わる！

フォーチュンアドバイザー
イヴルルド遙華

青春出版社

はじめに

「水星逆行」とは、年に数回ある、一定期間だけ水星が逆方向に進んでいるように見える時期のことです。

もちろん実際に逆方向へ進んでいるわけではありません。水星だけでなく、金星や火星、木星、土星、天王星、海王星、冥王星も見た目上、逆行する時期があります。占いに興味のある方はすでにご存じかもしれませんね。ですが、この本でお伝えするのは、これまで言われてこなかった「水星逆行を開運のチャンスに変える方法」です。

本来、占星術で水星はコミュニケーションを司《つかさど》る星になります。その水星が逆行する時期は、コミュニケーションがうまくいかなくなることから、通信障害や電車の遅延、対人関係のトラブルが起きやすくなります。

過去の「水星逆行」の期間を振り返ってみると、

×2018年にはソフトバンクの通信障害

×2021年にはNTTドコモの通信障害

×2022年には台風による新幹線や飛行機の運休などのトラブルが起こっています。個人レベルでも、「連絡ミスや勘違い」「財布や携帯の置き忘れ」などの普段では起こらないような「うっかりミス」が多くなるのもこの時期の特徴です。

かと思えば、「昔の恋人との再会・復縁」も「水星逆行」では起こりやすく、この時期にすべて悪いことが起こるわけではありません。

そういう意味でも「水星逆行」とは「運命の落とし穴」とも言えるのです。

ここで少し想像してみてください。あなたの目の前に広い一本道が続いています。

ふと目をやると、

「ここから先、たくさんの落とし穴あり。注意されたし」

という看板がありました。これだけの情報しかないと、

「落とし穴に落ちたらどうしよう。抜け出せなくなったら、怖い」

と足がすくんでしまうでしょう。でも、

「この先にある〝落とし穴の抜け方〟をお教えしましょう。落とし穴の中には、ラッ

キーアイテムが埋まっている箇所もあるのでお楽しみに！」

このようなメッセージだったら、あなたの気持ちはどうでしょうか？　目の前の落とし穴が怖いものではなく、うまく抜けられればラッキーなこともあるかもしれない、と意識が前向きに変わることでしょう。

本書は、これまでなんとなく得体の知れなかった「水星逆行」を、ただ怖がるのではなく、幸運のきっかけにするために、いろいろな角度からアドバイスしています。「水星逆行」の期間は「行動しない」ではなく「行動の仕方を変える」ことで、むしろこれまでの自分の棚卸しや振り返りができる、とっても有意義な期間なのです。トラブルとは怖がるものではなく、未然に防ぐもの。転んでも起き上がり方を知っていれば、人生の経験値も上がります。本書が「水星逆行」で「迷える人たちの道しるべ」となることを願っています。

２０２３年11月吉日　　　イヴルルド遙華

Contents

2章

水星逆行を「開運チャンス」に変える方法

水星逆行だからできる！　開運アクション

3章

水星逆行を乗り越える！　星座別アドバイス

4章

要注意期間「満月・新月×水星逆行」の過ごし方

編集協力：堤澄江
浜津樹里
（FIX　JAPAN）
本文デザイン：吉田恵子

1章

水星逆行が「運命の落とし穴」と言われる理由

なぜ「水星逆行」の期間には、さまざまなアクシデントが起こりやすいのでしょうか？　また、どの星座の近くで「水星逆行」が起こるのかによって、「運命の落とし穴」の中身が変わってきます。

本章では「水星逆行」の基礎知識について詳しく紐といていきます。

すべての人に年3、4回訪れる停滞期

「水星逆行」は、年に約3～4回起きる、天体が逆戻りする現象のことです。実際にいきなり逆走するような動きになるということではなく、次ページの図にもあるように、地球から見ると、水星が逆方向に動いて見える期間のことを「水星逆行」と呼んでいます。

「水星逆行」中は、

×交通機関で遅延や運休などが起きる
×フェイクニュースや通信障害など、情報や通信でトラブルが起きる
×コミュニケーションがうまくとれず対人関係がギクシャクする
×縁が切れる

×仕事関連のトラブルが頻発《ひんぱつ》する
×忘れ物や予定変更が増える

といったさまざまなトラブルに見舞われます。

占星術では、水星が象徴するのがコミュニケーションや日常生活に直結する分野なので、連絡が来ない、すれ違う、行き違うといったことが起きやすくなるのです。

円滑なコミュニケーションがとれないことで相手から大切にされていないと感じるようになり、モヤモヤと思い悩むことが増えると、やる気も削がれてしまいます。

また、この時期は、急な予定変更や見直し、忘れ物、紛失、交通機関のトラブルも頻発します。

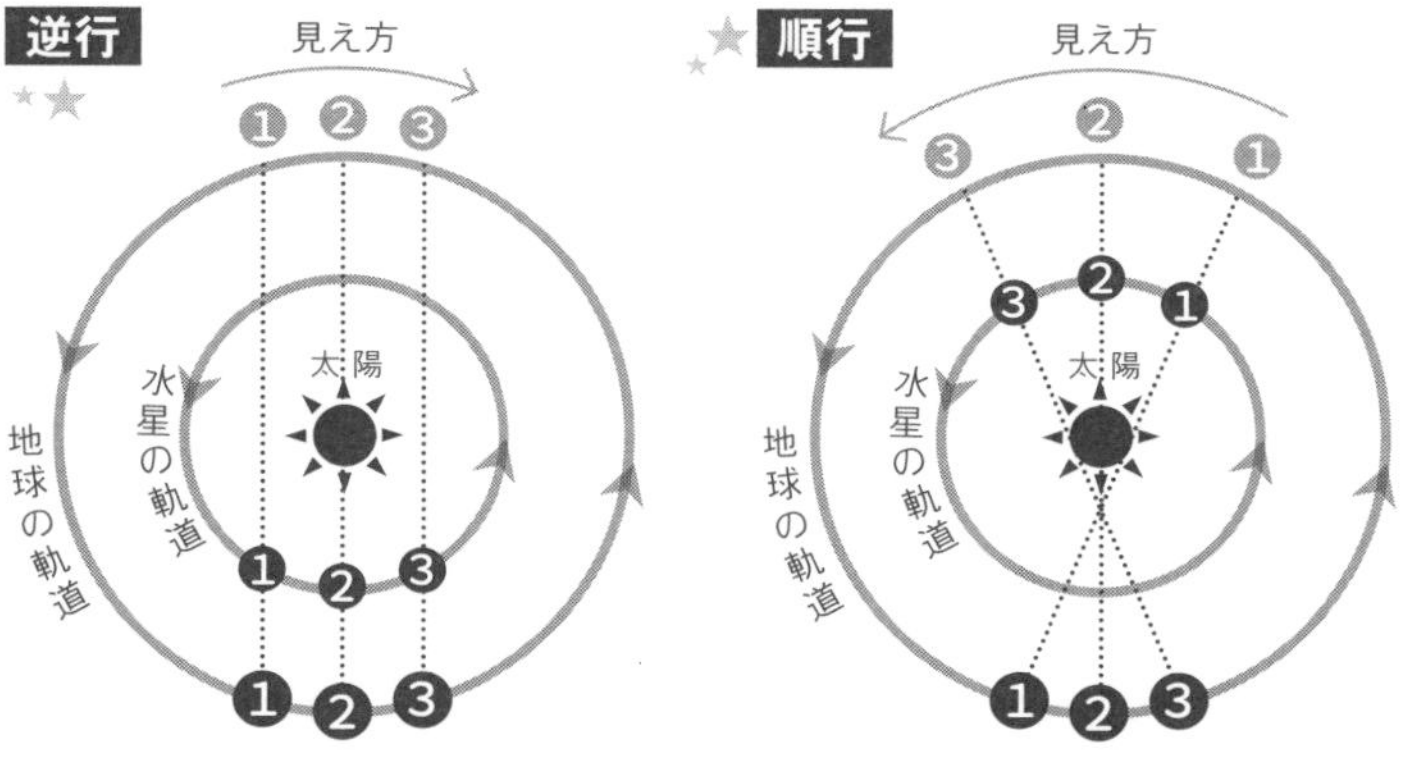

そのため、「水星逆行」の時期には、契約ごと、交渉、取引、新規プロジェクト、旅行、結婚や離婚、引っ越し……などの大きな決断は避けたほうが無難です。「水星逆行」時には、他者や社会との円滑なコミュニケーションがとれなくなることが多くなるため、自分自身のやる気を保ったり、ポジティブな考え方がしにくくなります。ひどい時には、思うように物事を進めることのできない自分を責めて余計にネガティブになるケースも……。

私のもとにも、とてつもない負のエネルギーをまとって鑑定にやってくる方がたまにいらっしゃいます。そのような方は、うまくいっている時から、うまくいかなくなっていく過渡期にはあまり私のところに相談には来ず、トラブルが起きてしまってから駆け込んできます。お話を聞けば聞くほど、「水星逆行」期間に良くない行動や思考をしてしまった結果、予期せぬ事態や別れ、トラブルに見舞われて不幸を背負い込んでしまったのだとわかり、なんともやるせない気持ちになってしまいます。

だからこそ、「水星逆行」時の過ごし方が重要になってきます。というのも、「水星逆行」では、どうしてもやる気が出ない、相手を信じられないといった気持ちが沸き起こるのは仕方のないことだからです。

この後でも解説しますが、実際に大きな通信障害や自然災害が起きる頻度が高いだけでなく、人間関係が破綻《はたん》するケースが絶えません。

「だったら、もうお手上げ！」

と諦めることも、自分を責める必要もありません。というのも、「水星逆行」で起こるネガティブな出来事に全エネルギーを注ぎ込んで疲弊するよりも、自分を客観的に見つめ直して地に足のついた状態をつくっていけば道は拓けるからです。

「あなたはどう生きたいですか？」

「何が幸せだと感じますか？」

「水星逆行」の時だからこそ自分の幸福度や満足度がどこにあるのかを再認識することが大切です。ネガティブに飲み込まれるのは簡単です。そこから一歩踏み出して、

「ネガティブになる時期だから、私はこうしよう！」

と思えると、とっても前向きになれると思いませんか？　ポジティブマインドになるだけで、「水星逆行」時に、たとえ望まないことが起こったとしても、物事が好転しやすくなるのです。

過去の水星逆行が教えてくれること

CASE 1 大規模な通信障害が起こり、運送、航空にも影響

繰り返しになりますが、「水星逆行」時は、水星が象徴する分野において逆の影響＝トラブルが起きやすくなります。

では具体的に「水星逆行」ではどのようなことが起こりやすいのか、さらに深く説明していきましょう。

そもそも水星は占星術的に、「思考・言語・コミュニケーション・情報・交通機関・通信・流通・仕事・勉強・対人関係」を司っています。

「水星逆行」になると、過去がフォーカスされるため、「見直し・やり直し・振り返り・

遅延・点検・再燃・復習・再会・復縁・中止・延期」などが起きやすくなります。

例えば「仕事のトラブル、対人関係にヒビが入る、意思疎通の阻害、通信障害、交通機関のマヒ、流通の遅延」などが挙げられます。

では、過去の「水星逆行」の時期には、どのようなことが起こったのでしょうか。

例えば、2018年の「水星逆行」はものすごく影響が出た年でした。

2018年の「水星逆行」は、

★3月23日～4月15日
★7月26日～8月19日
★11月17日～12月7日

の期間で起きました。

特に、3回目の水星逆行時には大規模な通信障害が発生し、4時間半にわたり約3000万回線が使い物にならない状態になり、多くの人々の生活に支障をきたすほどでした。

また、この大規模通信障害は、運送業にも影響を及ぼしました。通信障害によって運送会社のセールスドライバーが持つ専用端末に集荷依頼や再配達の情報が届かなくなったのです。

ドライバーへの連絡手段が断たれた結果、多くの荷物の配達遅延が起こってしまいました。

また、航空会社の一部の空港でも、遅れが発生しました。「成田や新千歳、中部、宮崎発の計11便で改札業務に通常より10～15分ほど余計に時間がかかった」という報告もあったと言います。

CASE 2 携帯やスマホが使えなくなり大混乱

2021年の「水星逆行」も通信に影響が出た年でした。

2021年の「水星逆行」は、
★1月31日～2月21日
★5月30日～6月23日

★9月27日～10月19日
の期間で起きました。

この時、もっとも大きな影響を及ぼしたのは、3回目でした。NTTドコモの通信障害が発生し、音声通話とデータ通信ができなくなったのです。およそ1200万人以上に影響を与えた「重大な事故」として、総務省から行政指導が行われる事態にまで発展したことは記憶に新しいと思います。

CASE 3 台風直撃で土砂災害や交通機関の乱れが発生

2022年の水星逆行は、
★1月14日～2月4日
★5月10日～6月3日
★9月10日～10月2日

★12月29日～23年1月18日の期間で起きました。

この年に凄まじい影響を及ぼしたのは3回目の「水星逆行」で、強い勢力の台風が3度も発生するという天変地異が起きました。

特に、台風14号・15号は猛烈な勢いのある台風で、特別警報が出たり、新幹線が軒並み運休になったり、静岡県で記録的な大雨となり土砂災害が起きたり……未曾有《みぞう》の自然災害に不安な日々を過ごした方も多かったのではないでしょうか。

このように、「水星逆行」により、私たちは判断力が鈍るばかりか、通信が乱れやすくなるということは事実としてあります。

とくに水星の特性上、交通ダイヤや金融市場、運送業などはとても影響を受けやすいと言えるでしょう。

水星逆行に影響を与える「エレメント」とは

「水星逆行」は、時期によってどの星座の近くで起こるかが変わります。

どの星座で「水星逆行」が起こるかによって、星座の影響も受けるので「水星逆行」の特徴が変わっていきます。

地球からの視点

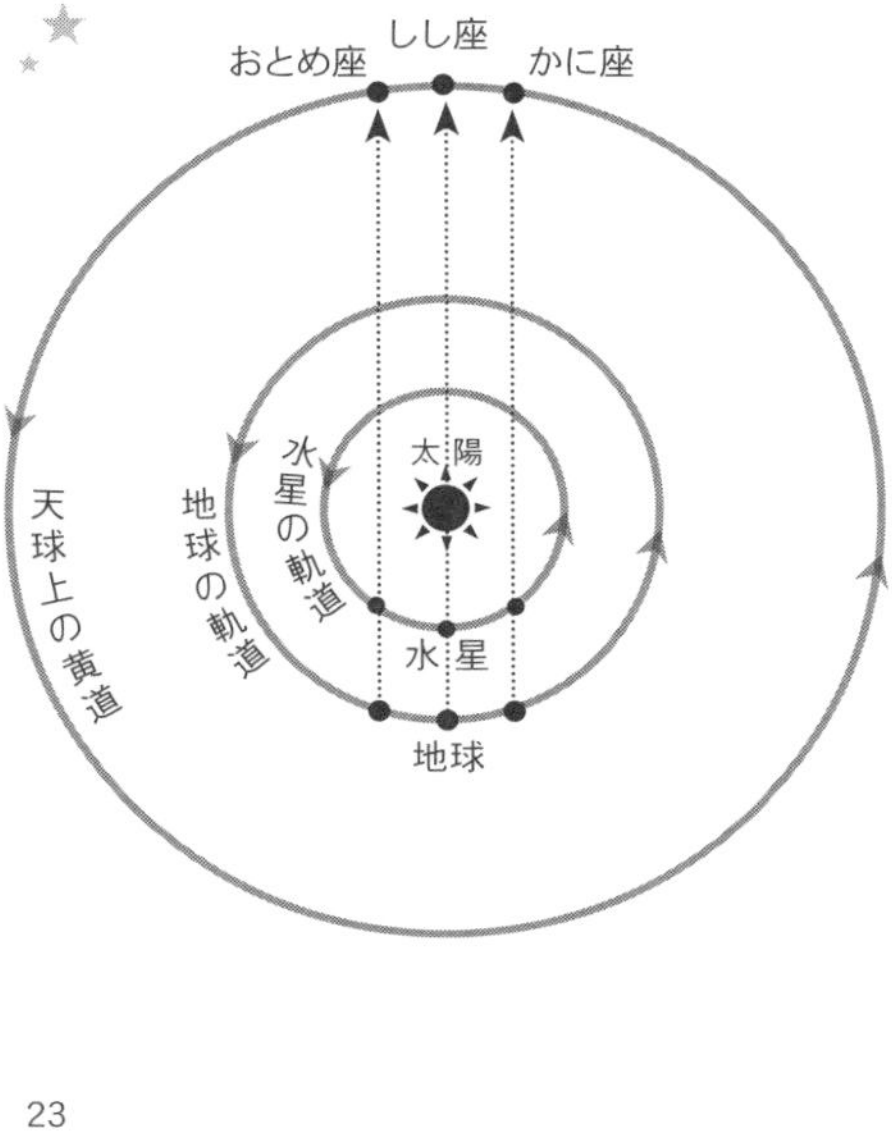

エレメント別の水星逆行の特徴

12星座は星座の持つ性質やテーマごとに4つのエレメント【火・土・風・水】に分かれています。

火のエレメント おひつじ座・しし座・いて座
土のエレメント おうし座・おとめ座・やぎ座
風のエレメント ふたご座・てんびん座・みずがめ座
水のエレメント かに座・さそり座・うお座

まずはこの4つのエレメントの特徴を理解していただくだけでも、「水星逆行」で、起こりうるアクシデントやテーマをつかみやすいと思います。

では、それぞれのエレメントの特徴を説明しましょう。

エレメントと星座の関係

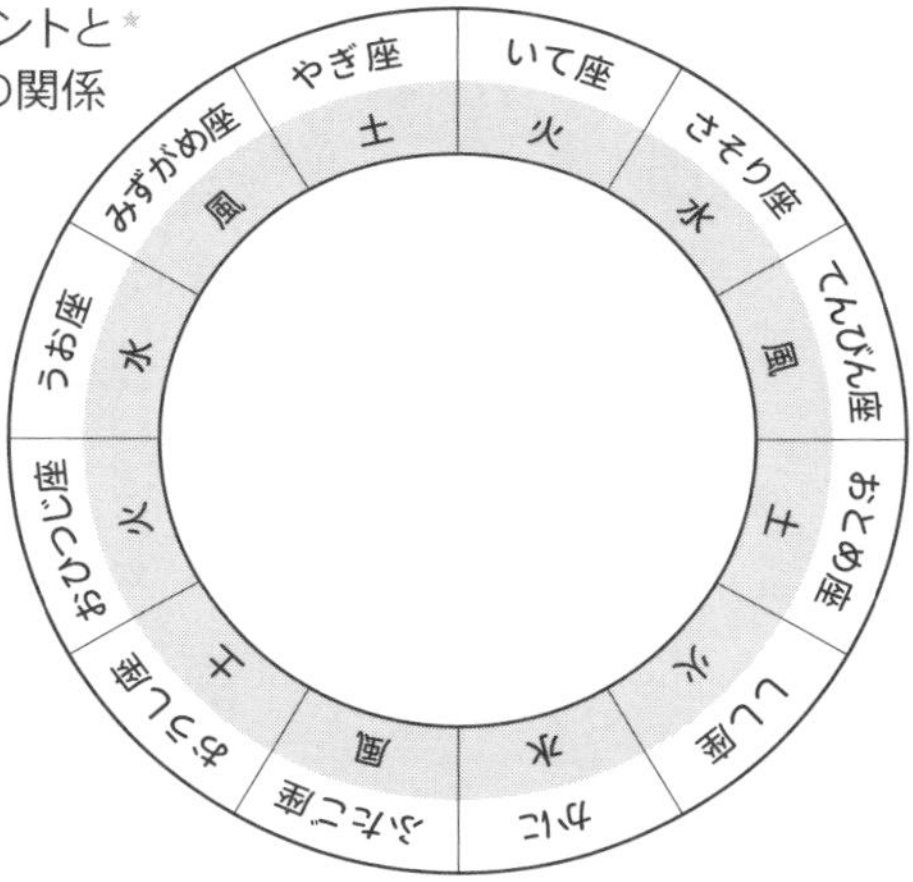

火のエレメント

【おひつじ座・しし座・いて座】は、パッションにあふれ、直感力に優れているのが特徴。若干の強引さで思いやりが足りない、わがままといった印象を与えることも。

土のエレメント

【おうし座・おとめ座・やぎ座】は、安定感があり、物事を具現化していくパワーにあふれています。堅実的かつ信念を貫く性質も併せ持っているため実務能力に優れていますが、理想を追い求めすぎると、頑固になりがちな面も。

風のエレメント

【ふたご座・てんびん座・みずがめ座】は、好奇心旺盛で知性に優れているのが特徴。論理的思考で、合理性を求めるあまり冷たい、融通がきかないといった印象を与えることも。時代の変化に臨機応変に対応できるのもポイント。

水のエレメント

【かに座・さそり座・うお座】は、感受性豊かで、共感力が高い性質が特徴。共感したらそれに引っ張られてしまいがちなので、時には合理的とは程遠い決断をしてしまうことも。

「水星逆行」は、1年を通して同じエレメントで起こると言われています。例えば、2024年の「水星逆行」は、火のエレメントである、おひつじ座・しし座・いて座で起こります。

2024年の「水星逆行」でどんな影響が出るのかをあらかじめ予測しておけば、振り回されることなく、うまく乗り切ることができると思います。

「水星逆行」では、それぞれのエレメントの特徴とは逆のことが起こりやすく、それがその時期の課題にもなります。

巻末にある「水星逆行スケジュール」

で、この先、どの星座、エレメントで「水星逆行」が起こるのかチェックしておきましょう。

どのようなことが起こりやすいのか知っておくだけでも、トラブル回避の大きなヒントとなるはずです。

では、どのエレメントで水星逆行が起こると、どのようなトラブルが起こりやすいのか紹介します。

例えば、2024年の水星逆行は、「火のエレメント」（おひつじ座・しし座・いて座）で起こります。

★1回目：4月2日～4月25日（おひつじ座）
★2回目：8月5日～8月29日（おとめ座、8月15日以降はしし座）
★3回目：11月26日～12月16日（いて座）

「火のエレメント」は「創造性、発展性、意志力」などを司るため、水星逆行時にはそうしたテーマに関する学び直しや振り返りが必要になってきます。水星が「火」の勢いを消す影響で、自分らしく振る舞えなくなります。

「土のエレメント」は「現実的・慎重・堅実さ」を司っているので、このエレメントで水星逆行になると、浮足だったり、軽率な行動が多くなることでトラブルが起きやすくなります。水星が「土」を泥沼にする影響から足をすくわれるのです。

「風のエレメント」は「自由・豊かな発想力・フットワーク」を司っています。水星逆行がこのエレメントで起こることで、自由が制限されたり、アイデアを形にすることが困難に。水星が「風」に視界を遮《さえぎ》る影響を与え、スピードダウンするのです。

「水のエレメント」は「感性・共感性・フィーリング」を司っています。このエレメントで水星逆行が起こると、感受性が鋭いがために、傷つきやすくなります。水星が「水」に洪水の影響を与え、感情におぼれてコントロールできなくなるのです。

「どの星座で起こるか」によっても特徴が変わる

では、さらに水星逆行が12星座のどこで起こるかによる影響をお話しします。

おひつじ座で
「水星逆行」が起こると……

人間関係が疎ましくなり、孤立しがちになる。言葉がきつくなって、人から誤解を受けやすくなる。得意分野で活躍できなくなる時期。あえて1人の時間をもつとよい。

おうし座で
「水星逆行」が起こると……

つい頑固になって他人と意見が衝突しがち。コツコツ積み上げてきたことの成果が出にくい時期。理詰めで考えすぎず、肩の力を抜くとグッド。

♊ **ふたご座**で「水星逆行」が起こると……

物事がスピーディに進まずイライラする。勘が鈍ってアテが外れることと多し。ケアレスミスをしないようにダブルチェックを忘れずに。仲間の協力を仰ぐとよい。

♋ **かに座**で「水星逆行」が起こると……

言葉足らずで誤解を受けることが多くなる。説明と感謝の言葉はいつも以上に丁寧に。相手のミスも攻撃しがちになるので、おだやかな気持ちをキープすることが大切。

♌ **しし座**で「水星逆行」が起こると……

自分の言動が空回りしがち。リーダーシップを発揮できずに、疑心暗鬼になる。スケジュール通りにこだわり過ぎるとストレスになるので、いつもよりゆっくりペースで。

♍ **おとめ座**で「水星逆行」が起こると……

相手への要求が高くなり、ダメ出しが多くなりがち。完璧主義になると、周囲とギスギス。相手の嫌な面も見えやすくなるので、スルーすることも意識して。

てんびん座で
「水星逆行」が起こると……

世渡り上手に振る舞おうとすると、本音が見えない人と思われ評判ダウン。対人関係を損得で判断してしまうと、大事な人が離れていくことも。いつも以上に誠実に！

さそり座で
「水星逆行」が起こると……

秘密主義になると、周囲とコミュニケーションがうまくいかなくなることも。人の好き嫌いも激しくなって余計な敵を増やす。丁寧な対応をすることでトラブル回避。

いて座で
「水星逆行」が起こると……

本音をオープンにし過ぎると年長者や上司とぶつかりがちに。会話をするときは慎重に言葉を選んで。飽きっぽくなるので環境を変えたくなるけれど、慎重に判断を。

やぎ座で
「水星逆行」が起こると……

プライドが高くなりがちな時期で負けず嫌いな面が強調されると対人関係でトラブル多発。効率化を求めすぎると周囲から敬遠されがち。意識して笑顔でコミュニケーションを。

みずがめ座で「水星逆行」が起こると……

感情がアップダウンして、人と一緒にいると気疲れしがち。個性を出し過ぎると、周囲から浮いた存在に。いつもよりセーブするくらいでちょうどよい。

うお座で「水星逆行」が起こると……

サービス精神がなぜか裏目に出て、余計なおせっかいになりがち。他人の目も気になるので本音を出せず心を閉ざす。この時期はあえて少数精鋭で行動して正解。

水星逆行がやってきたら、どうなる?

大規模な通信障害や自然災害など、悪い影響ばかりが目に付く「水星逆行」ですが、実は良い影響を及ぼす場合もあります。

ここからは水星逆行の良い影響・悪い影響について解説していきます。巻末の「水星逆行スケジュール」もあわせてチェックしておきましょう。

水星逆行で起こる「いいこと」

逆行とは、「戻る」ことを意味します。

つまり、「水星逆行」時には、過去で起きた何かしらの失敗や後悔などを〝やり直す〟

きっかけが訪れやすいといえます。

♥別れたあの人との復縁

♥疎遠な人や縁が切れた人から連絡が来る

といった可能性が高まる時期です。

また、「水星逆行」は下剋上《げこくじょう》が起こりやすい時期でもありますので、

♥やり残したことに再チャレンジ

♥難航しているプロジェクトの見直しやブラッシュアップ

♥資格取得などでワンランク上の自分にチェンジ

♥メイクやファッションなどのセンスを磨き、ダイエットを頑張る

といった意欲が高まりやすくなります。

また、「水星逆行」は、自分の棚卸しができる時期でもあります。

自分を見つめ直し、かけがえのない自分自身を大切にしなくてはいけません。今、恋愛や対人関係、仕事などで行き詰まっていると感じている方は、「水星逆行」の時に、

●今までため込んだ不満や理不尽をしっかり主張してから辞めて、転職する
●日頃の不平・不満を逃げずにぶつけて恋人との関係を見直す
●自分を大切にするために、おざなりな対応をする恋人には見切りをつける

といった〝あなたらしさ〟を全面に出した行動をすると、物事が好転し、道が拓けるかもしれません。

また、「水星逆行」は〝自分らしさ〟を取り戻せる時期です。

「水星逆行」の時にこそ、本音をぶつけて自分や相手と向き合い、自分らしく生きていくほうが、物事がスムーズに運びやすいでしょう。

また、よりよいほうに自分自身をチューニングしてみることが、新たな自分を発見することにも繋がります。もちろん、焦る必要はありません。あなたのペースで着実に進めばＯＫです。

「水星逆行」を、本音でコミュニケーションをとるきっかけにしてほしいと思います。

水星逆行で起こる「注意が必要なこと」

「水星逆行」は、〝運命の落とし穴〟であり、〝進行中のものが停滞しがち〟な時期でもあります。そのため、

×交通機関の遅延、渋滞、運休
×通信トラブル
×人間関係のすれ違い
×気分のムラが出やすい／テンションが上がらない／面倒になる
×ネガティブ思考にハマる
×迷いが生じやすい
×体調不良が起きやすい
×恋愛がうまくいかない
×ケンカをしやすい

×忘れ物や失せ物、落とし物が増える
×故障が頻発する
×トラブルメーカーと関わりやすい
×他人の目が気になって自己肯定感が下がる
×詐欺《さぎ》に遭いやすい
×フェイクニュースが拡散する
×機密事項が漏洩《ろうえい》する

といったことがよく起きます。

「水星逆行」時は、いつも以上に慎重な行動に加えて、進行中のものや今の関係性をいったん見直す勇気、泰然とした態度などが求められます。

しかも、「水星逆行」時は、〝本音に気づきやすい〟時でもあるため、嘘に気づく／嘘がバレるといったことが増えます。

疑心暗鬼になることが増えるほか、言った・言わない、した・していないなどの水掛け論が起きやすくなりますので、恋人や家族、仕事相手とのコミュニケーションは、いつも以上に密に、丁寧に行う必要があります。

水星逆行期間は「行動」を変える

では、「水星逆行」をどう過ごせばポジティブに乗り切ることができるのかを解説していきます。

水星逆行中はこう動く！

1 何をするにしても慎重に。ダブルチェックはお忘れなく！

「水星逆行」はとにかくトラブルが頻発する時期なので、何かをする・決断する・買う・売る・契約する……といった時は、普段以上に確認を行う〝チェック魔〟となることをおすすめしています。ダブルチェック、指差し確認などを徹底して行うことで、チェック漏れが減り、損をする事態も激減しますよ。

2 トラブルが起きても焦らず飄々《ひょうひょう》とすべし！

交通機関の遅延、自然災害、失せ物、忘れ物、別れ、体調不良……などが起きやすくなる水星逆行。でもそれらをあらかじめ「起きる」と認識しておけば、いざ事が起きた際に、冷静に対処できるはずです。また、トラブルが起きることを想定して、5分前・10分前行動を徹底する／備蓄する／ダブルチェックをする／ケンカに発展しそうならいったんグッと気持ちを抑える／健康に気を遣った食習慣・生活習慣を心がける……といった行動をすれば、トラブル回避に繋がります。

3 自分を見つめ直す時。計画や関係を見直す良いチャンス！

客観的に自分や計画、交友関係などを見つめ直すことで、物事の対処やリカバリーがしやすくなります。「水星逆行」は、人間関係の修復や復縁を望む方にとっては、大なり小なりアクションを起こすいいチャンスでもあります。また、この時に自分の健康や美容について考えるのもいいでしょう。さらに、資格取得など、過去に断念したことなどに改めてチャレンジするのもおすすめです。常に自分を取り巻く環境や自分自身をアップデートすることが、水星逆行を有意義なものにするカギです。

水星逆行中のNG行動

1 大きな買い物や契約などの決断をする

「水星逆行」時は迷いが生じたり、判断が鈍ったりしてしまいがち。マイホームを購入する、ハイブランド品やラグジュアリー商品を買う、会社を辞める、大きな契約を結ぶ、引っ越しをする……などは、即断即決をせず、いったん持ち帰りましょう！冷静に検討する時間が必要です。ただし、なかなか進まないプロジェクトやダラダラと続けているものに関しては、見直す良い機会です。積極的に棚卸しをして、停滞状態を抜け出しましょう。

2 過去を思ってリフレインする

恋人や家族、友人と関係を修復したいと思っている方が絶対にしてはいけないのは、

「あの時は良かったな」「もしあの時ああしていたら」といった回顧をすることです。関係が終わった以上、恋人や家族、友人は別の世界線でそれぞれの人生を歩んでいます。あなたばかりが過去に囚われて当時のままで接したら、復縁の可能性があるものもできにくくなります。お互いにアップデートされていることを認識し、新たな関係性が始まると認識したうえで行動すれば、復縁の可能性はグッと上がりますよ！

3　暴飲暴食やヤケを起こしてしまう

物事がうまく進まないからといってヤケを起こして健康を害するようなことをしては本末転倒です。「水星逆行」の時は自分らしく生きるチャンスですし、自分自身を見つめ直す時。健康を維持し、さらに増進できるよう今の生活習慣を見直せば、逆行から順行に戻った時にもきっと役立ちますよ。健全な肉体と精神に幸運はつきもの！「水星逆行」の時にこそ、自分を磨き、健康オタクになることがおすすめです。

自分の強みを知って、水星逆行を味方につける

うまく「水星逆行」を乗り切るためには、12星座の個性や強みを知っておくと役立ちます。自分の性質や魅力を把握したうえで「水星逆行」を過ごしてみてください。

♈ おひつじ座

行動力とスピードが魅力。考えるよりも先に動くタイプ。その反面、水星逆行時には、停滞が生じてしまい、その焦りから若干の強引さで物事を進めてしまいがちに。この時期にこそ、日頃不得手としている振り返りや復習に労力を惜しまないでいると、順行時に物事がスムーズに動いていくことでしょう。

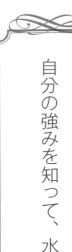

おうし座

穏やかで感受性に優れていることに加え、腹が据わった一面も魅力。

じっくり取り組む性質が「水星逆行」時には仇《あだ》となり、視野が狭くなる場合も。センスを磨き、アンテナをいろんな方面に張り巡らせることが「水星逆行」をうまく味方につけるカギになります。

ふたご座

頭の回転が早く向学心が強いタイプ。臨機応変に対応できるほか、二面性もある。情報収集能力に長けている双子座は水星が支配星。逆行の影響をモロに受けます。詰めが甘くなりがちになるので、情報の精査には通常よりも時間をかけることをおすすめします。

かに座

人間味があって愛嬌があるのが魅力。嫉妬深い一面も。特に「水星逆行」時は、喜怒哀楽が激しくなり、気分が乱高下しやすいです。深呼吸やアニマルセラピーなどリフレッシュする対策を講じておくことが「水星逆行」を味方につけるポイントです。

しし座

支配欲や高慢な一面もあるが、バイタリティにあふれ、リーダーシップがあるのが魅力。「水星逆行」時には、尊大な面が出てしまい、細かいことに気を遣えない、人の感情を汲み取れないといった一面が出やすくなります。周囲への気配りを忘れずに過ごしてみてくださいね。

おとめ座

才能・観察力・分析力があって好感度が高い星座だが、デリケートで傷つきやすい一面も。「水星逆行」時は、完璧主義が仇となり、気疲れが増えて疲弊してしまいそう。学習意欲が増す時期でもあるので、自分や他者に完璧主義を貫くよりは、スキルアップに費やしたほうが好転しそうです。

てんびん座

社交性・品位・調和が魅力。揺れたり迷ったりすると即断即決がしにくい一面も。「水星逆行」時には、周囲に気を配りすぎるがゆえに、本音が言えず、モヤモヤすることが増えそうです。この時期は、五感に響くアーティスティックな教養を身につけると感性が磨かれ、心の平穏が保たれるのでおすすめです。

♏ さそり座

洞察力と忍耐力が魅力。何を考えているのかわからない一面も。「水星逆行」時には、注意力や直感力が散漫になり、精彩を欠くことが増えそうです。深く思案しすぎて迷いが生じやすいので、自分の中の棚卸しを行うことが「水星逆行」を味方につけるカギです。

♐ いて座

好きなことにはトコトン没頭する自由人。好奇心旺盛なので冒険心があるところも魅力。竹を割ったような性格、率直な物言いをするいて座ですが、「水星逆行」時には、自分語りや自己主張が強くなり、誤解を招く恐れが……。この時期は、相手との会話のキャッチボールをするように心がけましょう。

♑ やぎ座

陽気ではあるが、慎重で忍耐強いのが魅力。コツコツ型であるがゆえに、「水星逆行」時は、計画に遅れが生じるとイライラ・モヤモヤとストレスをため込みがちに。遅れを取り戻そうと無理をすると体調も崩しやすくなります。この時期は無理に計画を推し進めるのではなく、スケジュールや内容を見直して再計画をすると、うまく物事が進み始めるでしょう。

みずがめ座

独創性があり、社交的な性質が魅力。また、普段からブレない自分軸があるので、「水星逆行」時であったとしても、降って湧いたトラブルに対して冷静に対処できるタイプです。実際に実現可能なのか検証したり、後回しにしていた資格取得などに着手したりすると、より物事が良い方向に進むことでしょう。

うお座

感受性に優れ愛情深いのが魅力。気まぐれな一面もあるが温厚で優しい性質。直感力や空気を読む能力に長けているので、「水星逆行」であっても大した影響は受けなさそうです。ただし、ネガティブな感情をもらいやすいので、こまめにリフレッシュするようにするとよいでしょう。

意外に多い⁉
水星逆行生まれの人

「水星逆行」は、3カ月に1回程度、3週間くらい続きます。

これは年間2カ月程度「水星逆行」が続くということです。

そのため、生まれた日が「水星逆行」期間中にあたる人は意外に多いものです。

太陽に一番近い惑星である水星は、伝達やコミュニケーション、知性を象徴するだけに「水星逆行」生まれの人は、

・言葉による表現に自信を失っている
・物事に対して神経質で慎重
・思考をよくするからこそコミュニケーションが乏しい
・風変わり

といった特徴が見受けられます。

具体的に星座×「水星逆行」で見てみると……

♈ おひつじ座の「水星逆行」生まれの人

思考が慎重でシンプルな分、迷いが生じやすい傾向に。

♉ おうし座の「水星逆行」生まれの人

忍耐強いため、物事を進める際には粘り強くじっくりと思考する傾向に。

♊ ふたご座の「水星逆行」生まれの人

自分のアイデアや知性を言語化する力、伝える力に自信がない傾向に。

♋ かに座の「水星逆行」生まれの人

繊細で、内省することが多いため、自己肯定感が下がりやすい傾向に。

♌ しし座の「水星逆行」生まれの人

コミニュケーションがうまくとれずに空回りしてしまい、実力を発揮できない傾向に。

♍ おとめ座の「水星逆行」生まれの人

論理的思考で物事を捉えることが多く、自分にも他者にも厳格になりやすい傾向に。

HAPPY BIRTHDAY

コラム Column

てんびん座の「水星逆行」生まれの人

気配り上手に拍車がかかり、他人の気持ちや人の目を気にしすぎる傾向に。

さそり座の「水星逆行」生まれの人

嘘を見抜く力に磨きがかかり、疑心暗鬼や秘密主義、信頼できる人とのみ付き合いたいなどの傾向に。

いて座の「水星逆行」生まれの人

自分の気持ちをそのまま素直に伝えるということに、ストレスを感じる傾向に。

やぎ座の「水星逆行」生まれの人

実直さや真面目さに拍車がかかり、視野が狭まったり自分を厳しく律したりする傾向に。

みずがめ座の「水星逆行」生まれの人

自分の生み出したアイデアや蓄積した知識が、世に認められないかもしれないと、疑心暗鬼になりやすい傾向に。

うお座の「水星逆行」生まれの人

人なつっこく、見返りを求めず人に尽くす傾向あり。そのため自己犠牲的に振る舞ってしまうことも。

これだけを見るととてもネガティブに感じてしまいますが、実は、この逆行時の特徴をチャンスに変えることでポジティブな結果が生まれやすくなります。

うまく活かして、自己表現や独創性、コミュニケーション能力を磨くと好転していくことでしょう。

水星逆行生まれか調べられる、
無料ホロスコープ作成サイト

https://www.astro.com/horoscopes/ja

サイト画面の「チャート描画」を選び、
生年月日などを入力します。
Mercury（水星）のところに「r」がある場合、
水星逆行生まれとなります。

＊こちらの情報は 2023 年 11 月現在のものです。
＊一般の方向けの無料サイトのため、予告なく内容を変更・終了する場合があることをご了承ください。

2章

水星逆行を「開運チャンス」に変える方法

システム障害や対人関係のトラブルが起きやすい「水星逆行」の落とし穴に「はまりやすい人」と「上手によけられる人」には、どのような差があるのでしょうか？　実例と共に、「水星逆行」で幸運をつかむアドバイスを紹介します。

ぜひ参考にしてみてください。

水星逆行で「ドツボにはまる」のは、こんな人！

CASE 1 新規事業部での連絡ミスで大幅にスケジュールが遅れた！

「私はある服飾メーカーの新規事業部で働いています。新しいブランドを立ち上げるために他部署のメンバーと仕事を進めていたのですが、社内の連絡ツールの不具合で大事な連絡が共有できない事態に。それに気付くのが遅かったために海外の工場への発注が大幅にずれて、試作品の完成が社内プレゼンに間に合わなくなってしまいました。そこからが大変。部署同士の責任のなすりつけ合いになって、結局、デザイン部のチーフが新規事業部から降りることになってしまったのです。私が彼女を鬼責めしたのが原因だということになり、チーム全体が最悪の雰囲気になってしまいました。

その後後輩に『水星逆行ではシステムエラーがよく起こる』と聞かされても、後の祭り。トラブルの責任を厳しく追及しすぎた、私が悪い？　とにかくチーム全体の不協和音を立て直すのに時間がかかりそう。私自身も精神的にかなり参ってます」（40歳・服飾メーカー部長）

アドバイス　「水星逆行」のトラブルで責任追及を厳しくし過ぎると×

誰の責任でもないのにトラブルが巻き起こるのが「水星逆行」の魔力。この時期は、トラブルの原因や責任追及を厳しくやるのはタブー。コミュニケーション不全がますます悪化します。落ち着いて次なる対処をみんなで考えて乗り切る、という心構えが大事です。

CASE 2　別れた彼と再会してヨリが戻ると思いきや……!?

「つい先日、3年前に別れた彼と偶然、再会しました。付き合っていた頃、2人でよく行っていたお店で友人同士で飲んでいた彼に、懐かしさもあって声をかけたのです。

浮気をされて別れましたが『やっぱりお前が一番』という言葉を真に受けて、その日、彼の家にお泊り。でも、それっきり彼からは連絡なし。ラインも既読スルー。思えば再会したのは『水星逆行』の期間でした。再会した彼とヨリを戻せると思った私が浅はかだったのでしょうか」（36歳・保育士）

アドバイス

「水星逆行」で復縁する場合、別れた理由を見極めて

「水星逆行」では、昔の恋人と再会しやすいですが、いい雰囲気になっても復縁するかどうかはちょっと待って。そもそもなぜ別れることになったのか、原因を思い出しましょう。相手の浮気や暴力、金銭トラブルが別れる理由だとしたら、復縁しても同じことの繰り返しになる可能性があります。特に「水星逆行」の再会は腐れ縁にもなりがち。別れた相手が素敵に見えても、順行になるまで待って、冷静になってから判断しましょう。

CASE 3 「あ・うん」の呼吸で仲良くしてきた友人と仲たがい

「学生時代からの親友M子とは、家も近所で趣味も価値観も同じ。とにかくお互い、空気みたいな存在で一緒にいてラクなのです。『あ・うんの呼吸』というか『以心伝心』というか、言わなくても私の気持ちや考えていることを理解してくれていると思っていました。ところがある日、彼女からお怒りのメールが。先日、彼女の家に遊びに行ったときに、デスクの上が散らかっていたのでさっと片づけてあげたのです。そうしたら彼女は『自分がわかるように資料を仕分けしてあったのに、勝手なことしないで』と。それだけじゃなく『いつも自分の想い込みでいろいろ押し付けたりお節介するのはやめて』と言われて大ショック。思えば『水星逆行』の期間の出来事でした。良かれと思って、は通用しないのですね」（39歳・公務員）

アドバイス

いつも以上にきちんと言葉にしてコミュニケーションを

「水星逆行」の落とし穴にはまる人は、とにかく説明不足、言葉足らずで突っ走る人です。「何も言わなくてもわかってくれるはず」「あの人なら大丈夫」とタカをくくっていると「水星逆行」のタイミングで逆鱗《げきりん》に触れて人間関係がこじれるのはよくあること。「水星逆行」の時はいつも以上に丁寧な対応を心がけましょう。

CASE 4

人気スポットに遊びに行ったら、次々にトラブル発生！

「土日に友人たちと新しくオープンしたショッピングモールに遊びに行きました。ものすごい人で入店まで30分待つお店もあったほど。ここからはトラブル続きで、レストランでは食べたかったメニューが売り切れ、帰りは駐車場で転んで捻挫《ねんざ》、車は大渋滞でそのあとに行くはずだったスパは時間が間に合わずにキャンセルすることに。あとからその日は『水星逆行』の期間だったと知りました。せっかくの休日がトラ

ブルだらけで、本当に疲れました」（40歳・主婦）

アドバイス

人が大勢集まる場所ではトラブルに遭いやすい

「水星逆行」の落とし穴にはまる人の最大の特徴は、わざわざ人が大勢集まるような場所にあえて行くこと。ただでさえ交通の遅延やシステム障害、コミュニケーション不全が起きやすい「水星逆行」では、人が集まる場所でこれらのトラブルが起こると、人が大勢集まっているがゆえに、さらに制御不能な事態になりがち。雪だるま式にアクシデントが続かないように、「水星逆行」では、出かける場所選びは慎重に決めましょう。

CASE 5 充実した旅行になるはずが!?

「仕事が忙しくてなかなか休みがとれなかったので、夏休みに思いきって海外へ旅行することになりました。ずっと行きたかった国なので、事前に下調べをして毎日朝から無駄な時間をつくらないように計画を立てました。ところが、もともと時間の価値観が日本とは違う国なので、電車もバスも予定時間に来ない。お店でも注文と違う料理が来る。ツアーのガイドさんは連絡ミスもあって予定とは違う場所を回ることになり、そのことで家族とケンカに。おまけに最終日は屋台で食べたものが当たったのかひどい下痢に……。いろいろスケジュールを詰め込みましたが、アクシデント続きで、とんだ旅行になりました。あとから『水星逆行』期間だとネットで知りました。トラブル続きなのも変に納得しました」（45歳・飲食業）

アドバイス スケジュールを詰め込み過ぎるとトラブルの大渋滞に！

楽しい旅行も「水星逆行」中は要注意。スケジュールを詰め込み過ぎると、1つのトラブルが玉突き事故のようにさらにトラブルを生むことに。それが原因で人間関係にもヒビが入りがち。スケジュールはゆったり組みましょう。何かあっても気持ちに余裕があれば、何とか乗り越えられます。

水星逆行を「上手にスルーできる」のは、こんな人！

CASE 1 1人時間を有効に使えばトラブルとは無縁

「いつもは友人たちと飲みに入ったり、趣味のキャンプに行ってアクティブに活動していますが、『水星逆行』の時は、あえて1人時間を充実させています。

以前、『水星逆行』の期間に仲間と大勢で1泊2日のキャンプに行って、突然、大雨に降られたり、車が故障したり、みんなが誰かが持ってきていると勘違いしてまさかのお皿を忘れる大失態。おまけにお酒飲みながら友人同士が言い合いになってしまうし、まったくいい思い出がありませんでした。その経験もあって、『水星逆行』は1人で過ごすと決めています。静かに家で本を読んだり映画を観たり、近くの公園を散歩したりして過ごします。不思議と心穏やかな気持ちになって、『水星逆行』の期間のなんとなくモヤモヤした気分がなくなりました。1人時間、おすすめです」(37歳・メーカー勤務)

アドバイス 「水星逆行」は自分への充電時間に使いましょう

「水星逆行」の期間は、そもそもコミュニケーションが滞って対人トラブルが起こりやすい時期。この期間に多くの人と交流すると余計なストレスを抱えることに。あえて1人の時間をつくって、読みたかった本を読んだり、自然の中で今後のことをゆっくり考える時間に使いましょう。たとえるなら、イモムシがサナギになって蝶になるまで静かに待つ時間と似ています。

1人の時間を過ごすことは、大きく羽を広げて飛び立つために必要です。まさに「水星逆行」はサナギの時間。それを知っている人は、トラブルをスルーできます。

CASE 2 懐かしい旧友に再会して元気をチャージ

「水星逆行」の期間は、懐かしい人との再会がある、というのは本当ですね。たまたま高校時代の友人とSNSでつながって、会うことになりました。彼女とはまさに20年ぶりの再会。お互い結婚して家族が増えて住んでいる環境も違うけれど、高校時代、同じバスケット部で青春を共にした大切な仲間。昔の写真を見ながら、思い出話に涙を流しながら大笑いしました。変わった自分と変わらない自分。それをお互い確認し合えた幸せな時間でした」（47歳・主婦）

アドバイス 懐かしい人との「再会」で自分の原点を知る！

年齢を重ねると、いろいろな鎧《よろい》を着てしまいます。「親」「上司」「大人の女性」など、気づくとさまざまな役割を演じるような生き方をしてしまいがちです。あなた本来がもっている素敵な本質が埋もれてしまうのを防ぐには、純粋な時代に出会った友人と過ごすことをおすすめします。

「水星逆行」の期間は、懐かしい人との再会のタイミングが増えます。あえて「この人となら充実した時間が過ごせそう」と思う旧友との再会は、自分の個性や良さを再確認できるでしょう。

CASE 3

水星逆行は体のメンテナンス期間にする

「なぜか『水星逆行』の期間は、体調を崩してしまいます。とにかく体が重くていつも眠い。頭もボーッとしてやる気も起きません。一時期、体からのサインを無視して『水星逆行』期間にダウンしてしまったので、この期間は体のメンテナンスに使うようにしています。

針治療や整体、サウナなど1人で気軽に行けるお気に入りの店に通って、ひたすらエネルギーをチャージしています。『水星逆行』期間に心身のメンテナンスをしっかりしているせいか、順行になってからのスタートダッシュの勢いが増しました。

最近は酸素カプセルにも凝っています。健康オタクになったのも『水星逆行』を健康キープの期間にしたから。あえてゆったり時間を過ごすと、心と体にはとっても良いみたいです」（41歳・ショップ経営）

アドバイス

「水星逆行」は気の流れを整えるのに良い時期

実は「水星逆行」の時に体調を崩す人は多いです。疲れがたまりやすい時期なので、意識して睡眠時間をたっぷりとって体を休めるようにしましょう。ご紹介したケースのように、整体に通ったり、サウナに通ったりして体の気の流れを整えたり、たっぷり汗をかいてデトックスするのは良いと思います。

自分の体をいたわるということが、メンタル面にも良い影響を与え、「水星逆行」を健やかに乗り越えることができます。

CASE 4

何事も予備を持参してアクシデントを回避

「以前、『水星逆行』の時に電車の遅延やスマホの電波障害で、さんざんな目に遭いました。それに懲《こ》りたので、とくにこの時期は、スマホやノートパソコンの2台使い、いざというときのために外出時は水のペットボトルと非常食なども持ち歩きます。知人たちは大きめのリュックを持ち歩く私に『防災グッズを持ち歩いてるみたい』と言いますが、『水星逆行』の時は地震も起こりやすいと聞いたので、安心のために準備をしています。心構えをしているせいか、今は『水星逆行』の時にアクシデントに遭わなくなりました」（40歳・自営業）

アドバイス　**準備をしっかりすれば「水星逆行」は怖くない！**

「水星逆行」をやたら怖がる人がいますが、しっかりした準備と心構えがあれば、大きなアクシデントに遭うことはありません。どういう落とし穴にはまりやすいのか知って、対策をすればいいからです。キャリアが違うスマホの2台持ちは安心できていいですね。「水星逆行」の時期は「転ばぬ先の杖」を合言葉に行動すれば、停滞期間とも言える時期を安心して過ごすことができます。

水星逆行だからできる！　開運アクション

「運命の落とし穴」も、心がけ次第でチャンスに変わる

「『逆行期間』は何もしないでじっとしていればいいのですか？」と鑑定の際によく聞かれますが、そんなことはありません。

「水星逆行」では、何事も裏目に出ることはありますが、どんなことがマイナスになるのか事前に知っておき、そのマイナスを「プラス」に変えていけばいいのです。

ここからは、具体的にどのようなアクションをすれば、「水星逆行」の落とし穴にはまらずに過ごせるのか、ラッキーアクションをお伝えします。

運気の落とし穴はどこにあるのかわかりません。でも、どんな種類の落とし穴があ

るのか知っていれば心の準備はできます。万が一、落ちてしまっても、抜け出し方を知っていれば大丈夫！　見方を変えれば、落とし穴に落ちてみて「本当の自分」に気づくこともあるのです。そういう意味では、人生に無駄なことなど、1つもありません。

Action 1
自分自身の「棚卸し」をする
これまで放置してきたことを振り返ってみる

この時期もっとも大事なのは、過去の振り返りです。自分のこれまでの行動パターンや考え方の癖、そのまま放置してきた問題、先延ばしにしてきたことが、「水星逆行」では浮き彫りになってきます。

本人が見て見ぬふりをしてきたことで、まるで「この時期に立て直そうよ」と言わんばかりのトラブルが起こるのが「水星逆行」の特徴なのです。

例えば、これまでも同じようなケースの問題が起こっているようなら、「水星逆行」のタイミングで、自分自身の過去の棚卸しをしましょう。

チェックポイントは以下の3つです。

□「こうしなければいけない」という頑固な思い込みはありませんか？
□「どうぜ無理」と諦めた夢はありませんか？
□「どうせ私なんて」と自己否定していませんか？

「行動・考え方・自己評価」の3つのポイントの方向性が間違っていると「水星逆行」の時に自分への気づきのサインとして問題が起こってしまうからです。

強い思い込みがあるなら「違う視点」で考えてみましょう。または「○○さんだったらどう思うだろう？」と想像してみましょう。

自分には無理だと思ったら「それは過去の話。今なら大丈夫」と行動してみましょう。自分に自信がもてなかったら、「自分にはまだ伸びしろがある」と未来に期待しましょう。

これらの気づきは、過去の自分をしっかり振り返って棚卸しをしなければ見えてきません。

もちろん、過去の自分の棚卸しには、少し勇気がいります。その場合は過去の日記やSNSの投稿を振り返るだけでもOK。そこでちょっと胸がチクリと痛くなる過去の出来事を振り返ってみましょう。

その時「今の自分ならどうする？　どうしたい？」と考えてみてください。それが新たな自分への発見にもつながります。

Action 2
スケジュールは「1日2つ」まで
1日でこなす用事を少なくするだけでスムーズに

本書でずっとお伝えしてきたように「水星逆行」では思わぬトラブルが起きやすくなり、スケジュール通りにいかないことも多くあります。

この時期、大事なのは「どうしてうまくいかないの？」と嘆くことではありません。「どうしたらトラブルを最小限にできるのか？」を考えるようにしましょう。

電車の遅延、急なスケジュール変更、思わぬケガや体調不良が1つでもあると、どうしても人は慌てます。予定は当然、そのまま実行できません。

でも、最初からスケジュールを詰め込み過ぎずに時間に余裕をもてば、トラブルは最小限に防げます。

だからといって、「水星逆行」の時に何も予定を入れないわけにはいかないので、「水星逆行」の期間中はスケジュールに優先順位をつけて、「1日2つまで」用事を入れるようにしましょう。

順行時は仕事やプライベートなどたくさん日程を入れていても、予定通りにこなせますが、逆行時はいざというときのために、余裕をもってスケジュールを組むことが気持ちの安定につながります。


私が鑑定をする多くの方々の中には、スケジュール帳が真っ黒に埋まっていないと不安な人がたくさんいます。

「忙しくしていることが、自分の人生が充実している証拠」だと思い込んでいるのです。

それは本当でしょうか？　何も予定がない時間だからこそ、目の前に広がる景色や空の色、季節ごとの風を感じることができます。何も予定がないから、頭の中をからっぽにできます。お気に入りのカフェでおいしいスイーツとお茶をゆっくり味わうこともできます。それがあなたにとって至福の時間になります。

1日2つの予定なら変更があっても慌てません。「水星逆行」を少しでも心穏やかに過ごすための心得です。

Action 3
「逆行前後」がむしろ重要
水星逆行中は準備と後始末を丁寧に行うこと

「水星逆行」の期間は通常、約3週間ほどあります。「この期間だけ注意していれば大丈夫」と思っていませんか?

実は「水星逆行」期間よりも、その前後1週間の期間のほうがむしろ大事です。敏感な人なら逆行が始まる1週間ほど前から、なんとなく違和感があるかもしれません。占星術では、2020年12月22日から「風の時代」に入ったとされています。「風の時代」は時間の流れも早くなるため、逆行の期間に入る1週間ほど前から影響が出ている、と考えられます。

では「水星逆行」の1週間前にはどんなことを準備しておけばいいでしょうか?

とくに仕事上のスケジュールは「水星逆行」という理由だけで変更することは難しいでしょう。

もしこの期間に仕事上の大事な契約、商談がある場合は、逆行に入る前から契約書にミスがないか、どんなメンバーが参加するのか、スケジュールに余裕があるか、しっかり確認して、予備の資料を用意したり、事前にどんな打ち合わせが必要か、社内外で共有しておきましょう。

また、プライベートで引っ越し、結婚相手の親に会う、旅行など、どうしてもずらせない場合も、逆行に入る前から先方と連絡を取り合って確認をする、大事な相手とはメールなどで事前にコンタクトをとっておく、旅行も交通の遅延があった場合を考えて、別ルートでも行けるか調べておくことをおすすめします。

これらは台風前にベランダに置いたものを片づける、食料など買い置きしておく、水害や停電に備えるといった心構えと似ています。

台風の真っただ中では身動きが取れません。「水星逆行」の最中も、トラブルの対応がどうしても後手に回ってしまうからです。

そういう意味では、逆行後の1週間も大事です。もし逆行期間でトラブルがあった場合、なるべく早くトラブルの影響を抑える必要があるからです。こじれた人間関係、ドタキャンの仕切り直しなど、感情的になって対応が遅くなればなるほど、さらに事態は悪化していきます。順行になったからといって勝手によくならないこともあります。そのためには事後処理こそ、丁寧に素早く行うことが大切なのです。

Action 4 大事な書類は「トリプルチェック」を! しつこいほど確認するくらいでちょうどいい

ACTION3でもお伝えしましたが、「水星逆行」だからといっても、どうしても避けられない大事な契約や予定が入ってくることがあります。

自分1人のことでなく、会社対会社、大勢のチーム内のこと、親兄弟に関わることなどは、1人が注意したところでどうにかなるものではありません。

それでも不測の事態や突発的なトラブルや変更、記載ミスなどは最小限、防ぐことはできます。

とくに大事な書類や資料、契約書などは1回のチェックでは漏れがある可能性があります。最低、関わる人たち3人でトリプルチェックをしましょう。最低3回見直せば、決定的なミスは防げるはずです。

契約などの大事なこと以外にも、通販で買ったつもりが購入されていなかった、内容が間違っていた、コンサートのチケットなどの入金期限の勘違いなど、あとから気づいて「しまった！」ということも多くなります。事前にチェックしていれば防げるミスは早めに気づいて対応しましょう。

さらにトリプルチェックをしながら、想定できる範囲内のトラブルのリスクヘッジをしておくとよいでしょう。

「水星逆行」の時だけトリプルチェックが必要なわけではありませんが、順行の時以上に「トラブルの落とし穴」が多いのは事実です。何か問題があってやり直す手間を考えると、少し時間がかかっても丁寧にミスがないかどうかチェックするほうがずっと効率的です。

またプライベートでも、言い間違い、聞き間違いが多くなり、約束時間や場所、連絡事項の勘違いが多くなります。そもそもメモをとった内容が間違っていたということもあります。予定の前日には必ずリマインドメールを送るようにしましょう。あとから「そんなことは聞いていない！」「そういうつもりで言ってない」という人間関係がこじれるトラブルは未然に防げるはずです。

Action 5

「お金は小分け」にする
カードとお札や小銭は分けてもつことでトラブル回避

「水星逆行」の期間に起こりがちなトラブルの1つがお金にまつわることです。お財布を道に落としたり、お店に忘れるなど以外にも、最近では電子マネーを使う人も多く、スマホ決済やクレジットカード型の電子マネーでのトラブルも増えています。「水星逆行」ではスマホの電波障害なども起こりやすくなるため、スマホが使えなくなれば当然、スマホ決済の電子マネーも使えなくなります。

また最近では、クレジットカードやキャッシュカードから情報を不正に抜き取るスキミング行為も増えています。知らないうちに情報を抜き取られて、ショッピングで使われたり、現金を引き出されたりします。

日本国内だけでなく、海外に行った時も注意が必要です。カバンの置き引きなども多く、そこでお金のトラブルに巻き込まれてしまうと、楽しい旅行もすべて台無しになってしまいます。

では「水星逆行」時のお金のトラブルはどのように対応すればよいでしょうか。それはお金を1つのお財布で持たないこと。またはスマホ決済の電子マネーだけで持ち歩かないことです。

必ずもう1つ別のお財布にお金を入れて持ち歩くようにしましょう。仮にお財布を落としても、電子マネーが使えなくても、別にもう1つお財布を持っていれば何とかなります。

とくにこれからの時代は電子マネーがメインになるからこそ、予備でお札や小銭を別にもっておくことが、「水星逆行」のトラブル回避には大事になります。

Action 6
「気持ちが落ちつくアイテム」をもつ
自分を癒やすものがあれば最強！

「水星逆行」の期間は、なぜだか急にイライラしたり不安になるケースが増えます。人間関係のトラブルも起こりやすくなるので、それだけストレスもたまっていきます。

「水星逆行」の時は、このイライラや不安がクセモノです。マイナスな感情がさらにマイナスな出来事を引き寄せるからです。

ただでさえ精神的に不安定になりやすい「水星逆行」なので、この時期は意識して「自分の心が癒やされるもの」を身近に置きましょう。

人によっては推しのライブＤＶＤかもしれません。または気分が落ち着くアロマキャンドルを灯すこともしれません。好きなお笑い芸人のＹｏｕＴｕｂｅを見て大笑いすると気分がスッキリする人もいるでしょう。または愛犬や愛猫と一緒に遊ぶことが最大の癒やしの時間かもしれません。

このように、自分が癒やされたり、元気になったり、明るい気持ちになれるものを見つけておきましょう。やはり「これがあれば気持ちが落ち着く」というものや存在がある人は強いです。

「水星逆行」の状況自体は目には見えません。それはある意味、新型コロナ時代の見えない恐怖と似ているかもしれません。

目に見えないけれど感じる漠然《ばくぜん》とした不安……それを打ち消すのは、それらのマイナス感情を払拭するような「自分の近くにあると思わず笑みがこぼれるもの」を見つけておくことです。

それがまだ見つからない人も、「水星逆行」の時に「気持ちが落ち着くアイテム」を1つでも多く見つけられるように意識しましょう。

Action 7

再会した相手は「人生のヒント」になる

どんな人と再会するのかが大事

「水星逆行」は、過去の振り返り時期であり、懐かしい人と再会するタイミングでもあります。昔、大好きだったあの人、悲しい思いで別れた恋人、お世話になったけれどお礼が言えなかった恩人。良い思い出もあれば、二度と会いたくないほど嫌いな人、ひどい目に遭わされた憎い人との再会があるかもしれません。

いずれにせよ、過去に関わった人との思わぬ再会は、気持ちが揺れ動くものです。「水星逆行」で再会した人は、あなたに何かしらの「人生のヒント」を授けてくれます。

□その人と再会した時に、どんな感情が湧き上がってきますか？

□その人との再会で、過去の自分に何と言ってあげたいですか？
□その人との関係で「人生の宿題」があるとしたら何ですか？
□再会した「その人」と、またお付き合いしたいですか？

それともしたくないですか？　その理由はなんですか？

過去の自分とのつながりで今の自分があるように、過去に関わってきた人たちと良いことも悪いことも、嬉しいことも悲しいことも経験してきたから、今のあなたがいます。

もちろん、偶然再会したからといって、大人の対応をする必要はありません。「嫌いな人は嫌いなまま」無理して交流しなくて大丈夫。

ばったり再会せず、遠くで見かけるだけの再会もあります。そこで声をかけるか、かけないかは、あなたが決めていいのです。

「水星逆行」での再会は、心の傷を思い起こすケースが多いので、そのときの心残りや失敗、悲しみを浄化させてあげるつもりで、自分の過去と向き合ってみましょう。

Action 8

「完璧」を目指さない

「〜ねばならない」を手放すとラクになる

何でも予定通りにきちんとしたい、何事も手を抜かずに完璧にこなしたい……このような心がけ自体は素晴らしいことです。自分の能力を最大限に使う人にチャンスは訪れるからです。

でも「水星逆行」の期間には、完璧主義な人ほど運命の落とし穴にはまりやすいので注意が必要です。

なぜならこの時期は突発的なトラブルやスケジュール変更が起こりやすく、人とのコミュニケーションも齟齬《そご》が起きやすい期間だから。どうしてもスケジュール通りにいかないことも多いので「何でも完璧に行いたい」という気持ちが強ければ強いほど、ストレスも大きくなります。

もともと完璧主義の人は急なスケジュール変更が苦手です。事前に準備した通りに行動することが完璧さにつながると思っているからです。

連絡ミスやコミュニケーションがうまく機能しないことも起こりがちなので、勘違いも増えます。その結果、仕事やプライベートの予定が大幅に変更になることがあり得ます。この時期、完璧さを求めすぎると、スケジュール通りにいかないことに対して、「私は完璧に準備したのに、○○さんがいい加減な対応をした」「連絡ミスは私のせいじゃない」

とうまくいかなかったことを相手や周囲に責任転嫁しがちです。ここで人間関係の二次被害が起きてしまうと、順行になってからもずっとギクシャクすることに。

「水星逆行」の期間は、100点満点を目指さず、予期せぬトラブルが起きることも見越して70点でもOKとしましょう。

仮にスケジュールが変更になることがあっても、人間関係でボタンの掛け違いが起こっても、気づいた時点で修正して再スタートすればOK。

「水星逆行」期間中にトラブルが起こった際、完璧さにこだわってイライラ焦ったり、細かい点にこだわったするよりも、多少のことは「ま、いいか」と気持ちを切り替えることが大事です。完璧さを求めないことで、気持ちの余裕が生まれれば、改善点も見えてきます。少し時間はかかっても必ずうまくいくことを信じましょう。

Action 9

「未来の準備期間」にする

水星逆行の足踏み期間こそ、将来の見直しを

「せっかくここまで順調にきていたことが、やり直しになった」

「楽しみにしていた約束が先延ばしになった」

「水星逆行」では、このように突然、運命の落とし穴にはまることがあります。

落とし穴に落ちたら、すぐには出られません。無駄にジタバタしても、余計なエネルギーと時間を使うだけ。こんなときは、「未来への準備期間」と捉えましょう。

スケジュールが変更になって、逆に時間ができることも「水星逆行」の期間にはよくあることです。

「楽しみにしていたことがドタキャンになった」と嘆きたい気持ちはわかりますが、この時期は想定内だと割り切ることも大切です。ぽっかり空いてしまった時間を、「今より良くなるためにどうしたらいいか?」と1人作戦会議に使いましょう。

ここでしっかり未来に向けて再度、計画の練り直しをすることで、今よりもきっと

良い状況に変化していきます。

「水星逆行」での時間の使い方次第で、順行になったときのスタートダッシュが全然変わってきます。

トラブルに見舞われて「最悪！」とため息をついて過ごすのか、「よし、ここで仕切り直そう」と、前向きに準備をし直すか。どちらが良いかは、もうおわかりですね。

このように「水星逆行」は悪いことばかりではなく、見直しや準備期間として有効に過ごせば、さらに大きなチャンスや成功をつかむことになります。

私の鑑定に来てくださった方々でこの心得を持った人たちは、あとで必ず「あの時、立ち止まって良かった」と言います。

人生は常に前進しなければいけない、と思っていると、立ち止まることさえ失敗と思ってしまいます。そうではありません。立ち止まるからこそ、今の自分の立ち位置がわかるのです。だからこそ目指す方向の道筋が合っているのか確認できます。「水星逆行」は、この準備と見直しの時間を与えてくれる期間でもあるのです。

Action 10 「ドタキャン」されるのは3回まで
相手の不誠実な態度を、水星逆行のせいにしない

「水星逆行」が明けたあと、こんなお悩みが増えます。

「付き合ってる彼に、デートを3回もドタキャンされました。でも『水星逆行』だから仕方ないですよね」

「彼となかなか連絡がとれなかったのは、『水星逆行』の影響ですよね」

確かに逆行時期は、予期せぬアクシデントや体調不良などが起こりやすく、スケジュール変更は多くなります。

でも、恋人に限らず大切な相手とは、どんなにトラブルが起ころうとも、連絡をとったり、会う時間をつくるはずです。

少し厳しい話をしますが、「水星逆行」の時は、相手の本音が出やすくなります。いつもならごまかしができることも、本音や素顔があらわになることが多いのです。

度重なるドタキャンや連絡がつかなくなる、会えない言い訳が「忙しい」としか言わないなど、順行の時には気付かなかった違和感があったら、それを放置しないことです。

仕事でもプライベートでも3回ドタキャンするのは、「水星逆行」が原因ではなく、相手があなたに対しての優先順位が低いということ。

大好きな相手となかなか連絡がとれない理由を「水星逆行」のせいにしたくなるのはわかりますが、ドタキャンを許すのは3回まで。こちらから3回連絡をしても返事が遅い相手とは、関係性の見直し時です。

このように「水星逆行」で腐れ縁が切れたり、自分に本気ではない相手の見極めができた、というのはよくあることです。

トラブルがあったときに、その人の本質が見えます。面倒くさそうな顔をする、いきなり距離をとってくる、言い訳が多くなる。どれもあなたとの関係を大切にしていない証拠と言えます。3回の不義理で、その後の相手との関係を見直すことは大事なポイントだと思います。

Action 11

意識して「機嫌よく過ごす」

自分の機嫌を自分でとれる人は幸せ

誰でも想定外のアクシデントがあればイライラしたり、不安になったりします。いくら平常心を保とうと思っても、生身の人間なのだから感情が揺れるのは当然です。

本当は辛いのに平気な顔をしたり、悲しいのに無理に笑顔にする必要はありません。悲しいときは泣いていいいし、頭に来たら怒っていいのです。とくに「水星逆行」の期間は感情が揺れるようなことが身の回りで起こります。この時期はある意味、感情を思い切り吐き出す時期でもあるのです。

大切なのはイライラしたり、モヤモヤしたあと、どうやったら「自分で自分のご機嫌をとれるか?」ということです。

私の場合は、甘いスイーツを食べること。何が自分にとってご機嫌になれるものなのか知っている人は、トラブルがあっても立ち直りが早いのです。

それを誰かに慰めてもらおうとか、元気が出るように励ましてほしい、と他人に期待していると、「そんなことを言ってほしかったんじゃない」とか「私の辛い気持ちをわかってくれない」とガッカリするのです。

そうではなく、自分のイライラやモヤモヤを解消するアイテムや場所、食べ物があれば、「水星逆行」で予定通りにいかないことがあっても、すぐにニュートラルな自分に戻ることができます。

運もチャンスも結局は「機嫌のいい人」のところにやってきます。だとしたら「水星逆行」の時こそ、機嫌よく過ごすことが大事です。

自分から湧き上がってきた感情を見て見ぬふりをしないで受け止めて、吐き出してから、ご機嫌になれる方法で元の自分に戻っていく。この循環がうまい人は「水星逆行」期間でも振り回されません。

Action 12

「小さな幸せを喜ぶ」感受性を育てる
日常の中の「幸せ探し」をしてみる

「水星逆行」はある意味、メンタル強化期間でもあります。周囲の人たちとの不協和音や計画の見直し、システム障害や自然災害など、予想外の出来事はメンタルに大きく影響します。

精神的に負荷がかかるとき、人それぞれの考え方の癖が出てきます。「やっぱり私はツイてない」「悪いことばかり起こるのは、日頃の行いが良くないから」「どうせ私の人生、うまくいかないわ」とマイナス思考で考えてしまう人がいます。

この場合、悪いことだけに目を向けてしまっています。そうではなく、裏があれば表もある。悪いことと良いことは、じつは表裏一体なのです。

「水星逆行」では、一見、悪いことばかり起きるような気がしますが、その裏には必ず「良いこと」も隠れています。

例えば、いきなりパソコンに不具合が起きて、データが消えてしまったとします。

誰でも「最悪、ツイてない！」と思うでしょう。でも、このようなアクシデントにも「幸運」は潜んでいます。

「データが消えてやり直すことになったおかげで、より良いものができた」「同じアクシデントが起こっても大丈夫なように、データは常に別のサーバーにアップロードしておこう」「パソコンは予備としてもう1台買っておこう」

このようにアクシデントがあったからこそ、未来に向けて良い準備ができたことはとてもラッキーだと言えるのです。

また、悪いことに目を向けるのではなく、良い面にも気付けるようになると、小さな幸せはどんどん増えていきます。

「今日もご飯がおいしく食べられて幸せ」「健康でいられて幸せ」「ふかふかのベッドで寝られて幸せ」など、日常の中の小さな出来事にも幸せを見つけて感じることができると、「水星逆行」でつまずくことがあっても、プラスの感情を増やしていけます。

すべては自分の視点をどこに向けるかです。あなたは下を向いて地面ばかり見ますか？　それとも上を向いて青空を見ますか？　あなた次第で「小さな幸せ」は必ず見つけられます。

Action 13

「視野を広く」することでチャンスが広がる

スマホばかり見ていると重要な情報に気付けない

昔からずっと「水星逆行」はあったはずなのに、なぜここ数年でとくに騒がれはじめたのでしょうか？

その理由の1つに、「人々の視野の狭さ」があると思っています。電車やバスに乗っていても、お店でも、駅前で誰かと待ち合わせしていても、ほとんどの人たちがずっとスマホでYouTubeやネットニュース、アプリで漫画などを見ています。

すると、どうしても下を向いてスマホに視線を集中するので、視野が狭くなるのです。

では視野が狭くなると、どうしていけないのか？　それは外部からの情報を取り込めなくなり、急なアクシデントへの対応が遅くなるからです。

「水星逆行」の期間は、事件、事故に巻き込まれる可能性も高くなります。それを少しでも未然に防ぐには、周囲を注意深く見ておくこと。要するに「視野を広くもつ」ということが大切なのです。

「視野を広くもつ」ためには、電車やバス、飛行機の中、お店の中、歩いている途中でも、意識して自分の周囲が安全かどうか見るだけでも違います。

脅かすわけではありませんが、人にも注意は必要です。もしも通り魔などの事件が起こっても、視野を広くして注意していたら、逃げられる可能性が高まります。

とくに「水星逆行」の期間は、思考停止もしやすい時期です。あえて「視野を広く」して、周囲の情報を意識してキャッチするとよいでしょう。

「視野を広く」してアクシデントの原因も見つけられるということは、逆もしかり。チャンスも見つけやすく、つかみやすいということです。

また「水星逆行」では運命の再会もあります。でも視野が狭ければ、近くにいても気づけません。素敵な再会をするにも「視野を広く」することが大事なのです。

さらに「視野を広く」すると、感性も鋭くなります。スマホを見てばかりいたら、周囲の素敵な景色が目に入ってきません。視線を上げたら、目の前に虹が見えるかもしれません。見上げれば満天の星がきらめいているかもしれません。それも視野が狭くては見逃してしまいます。

「水星逆行」をやみくもに怖がる前に、「視野を広く」して、しっかりと周囲のアクシデントの種、チャンスの尻尾をつかんで、安全に楽しく「水星逆行」を乗り越えましょう。

3章

水星逆行を乗り越える！星座別アドバイス

ここからは、星座別に「水星逆行」の期間で起こりやすいこと、注意すべきこと、あえてやったほうが良いことを「対人関係」「仕事」「恋愛·結婚」「お金」「健康」の５テーマ別にアドバイスします。

とくに「水星逆行」の期間に入る１週間前から、これらのアドバイスを頭にとどめて、トラブルを上手にスルーしてください。

基本Profile

♈ おひつじ座

3/21 〜 4/19

気質は「直感型」。ピンときたら即行動するタイプ。情熱的に新しいことにチャレンジしていくことで、さらに輝きます。リーダーシップもあるので、チームをまとめるのも得意。ただし、考える前に動くことが裏目に出ると、何事も行き当りばったりになりがち。勢いがなくなると、とたんに不満が爆発。周囲とギクシャクし始めるので注意しましょう。

水星逆行で向き合うテーマ

順行期間では抜群の行動力で次々と目標を叶えていくおひつじ座ですが、逆行期間は勢いに急ブレーキがかかることで、本人がこれまで気付いてこなかった生き方や行動の本質が浮き彫りになります。自分の「本音」がどこにあるのか、向き合いましょう。あなたが欲しいと思ってきたこと、やりたかった目標は、自分への賞賛がほしいためで、本当は必要がないことかも。逆行時期は、あえて単独活動を心がけて、世間の目を意識せず、本当に自分に必要なことを見極める時間に使うとよいでしょう。

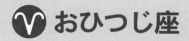

おひつじ座 ♈ 対人関係

他人のアドバイスに耳を貸さないことでギクシャク

おひつじ座は本来、相手の意見を取り入れながらチームをまとめたり、人の気持ちを察して対人関係を築いていける真のリーダータイプ。でも「水星逆行」になると、独善的になり、自分の考えやアイデアにこだわりが強く出てしまいます。

いつもなら他人の意見に敏感なおひつじ座が、他人の意見やアドバイスを無視して突っ走ると、とたんに人間関係がギクシャクします。

それに対して、「味方がいないなら、自分1人でやる」と意固地になると、言いたいことも言えなくなって孤立していきがち。

「水星逆行」の期間は、独りよがりにならないように注意しましょう。この時期、あなたに耳が痛い意見を言ってくる人が増えますが、ここはイラッとせずに「ありがたいアドバイス」と受け止めて。順行に戻るタイミングでギクシャクした人間関係は解消していくでしょう。

おひつじ座

仕事

仕事の後輩に説教や小言が多くなりがち。意識して聞き役に徹して

おひつじ座は会話でのコミュニケーションをとても大事にします。本来は仕事仲間との会話の中でアイデアを生み出すのが得意ですが、「水星逆行」の期間は人の話を聞いたり、意見をまとめることが面倒になり、つい自分の意見を押し通すようになります。

とくに年下や後輩などに威圧的に接することが多くなると、プロジェクトがうまく進まない事態に。お小言や説教めいた発言も「水星逆行」では増えていくので、あなたをフォローしてくれる仲間や後輩が離れていくこともあるでしょう。

「水星逆行」の時期こそ、聞き役に徹して正解。自分の意見を押し付けるより、周囲の意見や後輩の悩みを聞いてあげることで、仕事は勝手にはかどっていくはず。

仕事仲間となんとなく意思疎通がうまくいってないと感じたら、むしろ仕事以外の会話で盛り上がるように、あなたから歩み寄ることが大切です。

おひつじ座

恋愛・結婚

疑心暗鬼になり、本来の魅力をアピールできない

好きになったら一直線のおひつじ座。本来は好きな相手にストレートに自分の気持ちを伝えて、積極的にアプローチします。

思わせぶりの態度や相手の気持ちを試す行為を嫌うおひつじ座ですが、「水星逆行」になると、なぜか「相手は自分をどう思っているのだろうか」「こんな自分で大丈夫？」といろいろ心配になったり、相手の気持ちを深読みしすぎて気疲れしがちに。

本来は、明るくオープンなところがおひつじ座の魅力なのに、「水星逆行」の期間は自分の気持ちを正直に伝えたり、行動できなくなります。

その結果、これまで良い雰囲気だった相手と自然消滅したり、自分の良さをアピールできなくて、自信喪失しがちに。とくに結婚話などは、迷いが多い「水星逆行」の時期には触れないほうがベター。この時期に出会った人との関係も、順行に戻るまではつかず離れずの関係にとどめておくほうが、その後の展開が期待できます。

おひつじ座

お金

つい余計なものに散財して後悔しがち

本来のおひつじ座は、貯蓄に走るというより、生きたお金の使い方が上手な人。お世話になった人へのプレゼントや、自分が学びたかったことに惜しみなくお金を使い、自分自身がよりよくなるために投資していきます。

ところが「水星逆行」になると、ストレス解消のためにお金を使いがちになります。夜中の通販で衝動買いして、翌日後悔したり、いつもは着ないようなタイプの服を店員さんに勧められるがままに買ってしまい、そのままタンスの肥やしになったり。悪い意味で、お金へのこだわりが薄れて無駄遣いが増えてしまうのです。

「水星逆行」の期間はいつも以上にお金の使い方に慎重になりましょう。購入する前に「本当に、必要?」と自問自答する習慣をつけると、あとで後悔することは少なくなります。「水星逆行」の時期は自分のためより、お世話になった方への贈り物などに対してお金を使うほうが間違いありません。

おひつじ座

健康

これまで健康体でも、この時期、無理は禁物

いつものおひつじ座は多少の無理が続いても、持ち前のバイタリティで乗り切れるのですが、「水星逆行」の時はつい過信してスケジュールを詰め込み過ぎ、週末ダウンということが多くなります。

暴飲暴食も多くなり、「水星逆行」で体重オーバーするおひつじ座が急増。「水星逆行」の時期は、なぜか脂っこいもの、甘いもの、刺激が強いものを食べたくなって、体重増加だけでなく胃腸を壊す人も多くなりそうです。

「水星逆行」の期間は、いつも以上に自分の身体をいたわるようにしましょう。この時期に不規則な生活をしてしまうと、あとあと生活習慣病の予備軍になってしまうことも。「自分はこれまでずっと病気知らずだったから大丈夫」と過信している人こそ、「水星逆行」の時期に人間ドックにいくなど、自分の健康を再チェックするとよいでしょう。

基本Profile

♉おうし座

4/20 〜 5/20

気質は「感覚重視型」。行動パターンは、自分から積極的に仕掛けるよりも、流れに沿って安定を求めるタイプ。要領が良いわけではありませんが、粘り強く頑張るので、最後は自分が目指した目標を達成する大器晩成型でもあります。性格は穏やかで一途ですが、裏を返せば頑固とも言えます。自分の考えにこだわり、臨機応変さに欠けると大きなチャンスを逃してしまうことも。

水星逆行で向き合うテーマ

コツコツ型のおうし座だけに、自分がこれまでやってきたことに、満足か不満足かで、「水星逆行」の期間で起こることが変わってきます。自分の魅力や才能をしっかり磨いてこれた人は、逆行の時期に自分の新たな可能性をしっかり見極めることができますが、そうでない人は、自分のスキルをどのように磨いていけばいいのか漠然とした不安に陥るかも。本来は粘り強く、集中力のあるおうし座ですが、「水星逆行」の時期は、焦って行動することが多くなり、さらに迷いが生まれる悪循環に。自分のペースを大切に。

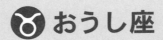

おうし座

対人関係

これまでの価値観を揺るがすような存在が現れる

「水星逆行」の時期は、他人に振り回されることが多くなり、自分のペースで動けなくなります。突然のスケジュール変更やトラブルが何より苦手なおうし座は、この時期、自分の立ち位置を見失いがち。

とくにこの時期は、これまでの価値観を揺るがすような存在が、目の前に現れます。マイペースにコツコツと進めたいあなたに、スピード重視を求めてきます。

これらの経験によって「これがあれば幸せ」と大事にしてきたことが、実は自分にとって必要でないと気づくことも多くなりそう。

対人関係は波乱含みになりますが、あなた自身を揺さぶってくる人の出現で、古い殻を破るきっかけとなるのは確かです。

「水星逆行」はある意味、自分自身の垢落としの時期として、違和感のあること、人、出来事に遭遇することこそ自分が変われるチャンスと受け止めるようにしましょう。

おうし座

仕事

頑固にならず、臨機応変に対応を

理路整然と落ち着いて対応するおうし座は、仕事で信頼を置かれる存在です。順行期間は職場の上下関係もそつなくこなしますが、「水星逆行」の期間は、あなたの交渉術がことごとく裏目に出ることが起こります。

真意が相手に伝わらず交渉が決裂したり、思わぬクレームが入ったり、心労が絶えません。いつも以上に言葉を慎重に選んで、仕事のやり方や手順、マニュアルを見直す必要がありそうです。

これまで「自分のやり方」にこだわっていた人ほど、「水星逆行」で強制終了させられることが起きます。この時期を乗り越えて、しっかり立て直しができたおうし座は、仕事上での交渉術をさらにアップすることができるでしょう。

スケジュール通りに行かないことが「水星逆行」では起こりがちですが、この時期に臨機応変に対処する術も学ぶ姿勢が大切になります。

おうし座
恋愛・結婚

悪い相手にのめり込む予感

地道な人生を歩みたいおうし座にとって、恋愛や結婚の相手選びはとても重要です。感情のアップダウンが激しい人、計画性がない人は本来、選びません。できるだけハイスペックな相手をしっかり吟味して交際をスタートさせたいのです。

ところが「水星逆行」の期間は、なぜかミステリアスで本性が見抜けない相手に惹かれてしまいます。これまで条件で相手を選んできたおうし座が、一目惚れでゾッコンになってしまい、相手に振り回されてしまうのです。

自分にお金をかけてくれる相手が好みなのに、「水星逆行」で出会う相手にのめり込んでしまい、気が付けばどっぷり貢いでいたなんてことも……。

この時期に始まった恋愛は、刺激がある分、リスクも高いことを肝に銘じておきましょう。結婚詐欺、不倫など、後戻りできない状況になる前に、おうし座本来の条件を見極める目を思い出すことが肝心です。

おうし座

お金

この時期は気前よくお金を使って正解

金銭感覚がしっかりしているおうし座は、コツコツ貯金をして計画的にお金を使っていくタイプです。衝動買いはせずに、無駄遣いもしません。

ところが、「水星逆行」の時は、なぜか予定外の出費が重なります。電気機器が壊れたり、どうしても断れない飲み会が続いたり、儲かる投資話に乗ってしまい、予定にはないお金が出ていくことになります。

ここで無駄遣いとして出費を控えてしまうと、運気もダウンするので注意が必要です。「水星逆行」の時期に出ていくお金は、ある意味、金運のデトックスだと思って、惜しみなく出して正解です。

お金は貯めるだけでなく、出すことでまた入ってくるのです。とくに趣味が貯金という人が多いおうし座は「水星逆行」の期間には、気前の良さを発揮したほうが運気ダウンを免れることができます。

おうし座

健康

健康法にこだわり過ぎて逆効果に

こだわりが強いおうし座は、実は偏食家が多いのも特徴。「体によい食べ物」をこだわってお取り寄せしたり、ラーメンにはまったら毎日ラーメンばかり食べたり、気に入ったレストランに通い詰めたりします。

「水星逆行」の期間は、そのこだわりがますます強くなり、食べ物だけでなく、トレーニングジムに通って体を鍛えたり、無理なダイエットをすることで、逆にケガや体調不良を招くパターーが多くなりそうです。

自分を追い込むルーティンを止められなくなり、それが日常生活に悪影響を及ぼす前に、「水星逆行」の期間は何事もほどほどにすること。そのほうが健康になれる方法だと心得ておきましょう。

この時期、健康を崩してしまうと、回復するのに時間がかかってしまいます。不調を感じたら早めに病院で受診することをおすすめします。

基本Profile

♊ ふたご座

5/21 〜 6/21

気質は「思考重視型」。行動パターンは、臨機応変に周囲の状況を見極めながら動くのが得意なタイプ。好奇心旺盛でコミュニケーション能力が高いふたご座は、多くの人と交流して新たな情報を得ることに喜びを感じます。刺激が好きで飽き性なので、1カ所に留まるよりも、自由に行動できる環境で魅力を最大限に発揮できます。

水星逆行で向き合うテーマ

自由に飛び回りたいふたご座に、待ったをかけるようなことが起こるのが「水星逆行」の期間です。ルールや人間関係の縛りや束縛が多くなり、思わず逃げ出したくなるでしょう。

本来、ふたご座は人間関係の義理人情で縛られるのが苦手です。さらに重い責任がのしかかるような状況に追い込まれて、本来の軽快さが失われてしまうかもしれません。この時期は、環境を選ぶのではなく、「そこで自分は何ができるか?」という視点でものごとを捉えるようにしましょう。

ふたご座
対人関係

団体行動より単独行動を心がけて

本来、ふたご座は頭の回転が速く、誰とでも仲良くなれるコミュニケーション能力の持ち主です。ところが「水星逆行」の時期は、あなたを束縛するような人たちとの出会いや交流が増えたり、プライベートに細かく干渉したり、管理しようとするグループと縁があります。

面白そうだと入ったサークルや勉強会が、厄介《やっかい》な人たちの集まりだったり、人からの紹介で関わった人との面倒なトラブルに巻き込まれたりしがちです。

「水星逆行」の時期は、一見、楽しそうな集まりでも安易に関わらず、慎重になりましょう。気軽に深入りしない関係性を築くのが難しそうだと感じたら、この期間は単独行動のほうが無難です。逆に言えば、本来は関わらない人たちとの交流によって、「本当に自分が興味・関心のあること」が見極められるメリットもあります。人との関わり方を学ぶ期間だと割り切ることも必要です。

ふたご座

仕事

連絡ミスなどで責任を負う羽目に

本来、ふたご座は状況判断が早く、スピーディに仕事を進めるのが得意です。マルチタスクもお手のもので、本業以外に副業で稼いでいる人が多いのも特徴です。ところが「水星逆行」の期間は、なぜか業務連絡のミスや取引先とのトラブルが多発して、仕事が停滞することが起きます。そこから責任のなすりつけ合いやチーム内の不協和音が起こり、あなたの頭を悩ますことに。

また、ふたご座は、チームリーダーとなって皆の先頭に立ち、そつなく業務をこなしていきますが、「水星逆行」では、ひたすら社内外のトラブルを解決するために奔《ほん》走《そう》する羽目になるかもしれません。

投げ出したくなる気持ちにもなりますが、そんな時こそ、これまでの信頼できる仲間を頼りましょう。ふたご座の状況判断と、信頼できる仲間のサポートさえあれば、「水星逆行」のトラブルは必ず乗り越えていけます。

ふたご座
恋愛・結婚

この時期、目移りしがちなので注意

ふたご座は楽しく会話して一緒に行動できる友人の延長のような関係性を恋愛にも求めます。恋人を選ぶ基準は「一緒にいて楽しいかどうか」なのですが、「水星逆行」では、恋愛に関するアンテナが鈍りがち。

出会いのシーンでは、明るくフットワークが軽い人に見えたのに、いざ交際がスタートすると、束縛したり、モラハラめいた発言をしてきて、ギョッとする一面があるかも。とくに「水星逆行」では相手の裏の顔が見えやすくなります。

その時に感じた違和感を大切に。「そんな人じゃないはず」と、スルーしてしまうと、悪縁が切れずに苦労します。深い関係になる前に相手のことはしっかりリサーチしましょう。

また「水星逆行」の時は、目移りも注意。誰にでも気のあるそぶりを見せると、悪い評判を立てられるので慎重な行動が必要です。

ふたご座

お金

投資系の話はよく調べてから

ふたご座は、自身のブランディングにお金を使うのが上手です。センスのある服を着たり、SNSでバズりそうな店に行ったりパーティに参加したりして、自分の価値を高めていくためにはお金の出し惜しみをしません。

ところが「水星逆行」の期間は、話題の商品を購入したものの実はニセモノだったり、おいしい話にのってしまったら実は詐欺だった、というトラブルに巻き込まれがち。これらのお金の失敗も人生勉強だと割り切ればいいですが、周囲に迷惑をかける前に、この時期のお金の使い方には慎重になりましょう。

とくに投資系の話は、順行の時と逆行の時では、状況がガラッと変わることはよくあります。何か不安要素が出てきたら、潔く撤退することも必要です。お金に関することは口コミだけに頼らず、専門家の意見も取り入れ、契約面も含めて慎重に進めていきましょう。

ふたご座

健康

リラックスしながら体調を整えて

ふたご座は周囲の人や環境に関する情報分析は得意ですが、意外と自分の健康に対しては無頓着なところがあります。「ちょっとした不調でも寝れば大丈夫」とタカをくくっていると、「水星逆行」のタイミングで大きく体調を崩すことになりかねません。長引く風邪、原因不明の湿疹など気になる症状がある時は、早めの受診が肝心です。「水星逆行」時は、スケジュールを詰め込み過ぎずに、心身のメンテナンスの期間としましょう。

アクティブに体を動かすよりも、この時期はエステや整体、岩盤浴、サウナなどリラックスしながら体調を整えること。ヨガや瞑想をするのもおすすめです。できれば自然の多い環境でゆっくり過ごすだけでもストレス解消になります。

「水星逆行」の期間でエネルギーをしっかり充電できれば、順行になってからさらにエネルギッシュに活動できるようになるでしょう。

基本Profile

♋ かに座

6/22 〜 7/22

気質は「感情重視型」。行動パターンは身内や仲間と一緒の時には積極的に行動するタイプ。情に厚く面倒見がよく、家庭的ですが、好き嫌いがはっきりしていて、敵と味方を分けます。仲間と認めた相手にはとことん尽くしますが、それ以外には心を閉ざす傾向が。感受性も強いので、新しい環境や人間関係の中では気疲れしてストレスをためてしまうことも多いでしょう。

水星逆行で向き合うテーマ

何よりも家族や仲間、地元や自分の居場所を大切にするかに座。安心する環境に身を置いてこそ、かに座の魅力は最大限に発揮されます。ところが「水星逆行」の時期は、かに座にとっての安全地帯がトラブルの巣になりがち。家族や親友と意思疎通がうまくいかず、お互い勘違いからのケンカが多発し、気まずい雰囲気になったり、家でトイレの水漏れ、家電の故障、お気に入りの食器を割ってしまったり、テンションが下がることが続くかも。「水星逆行」の時期こそ、大切な人たちとの関係を見直し、感謝しましょう。

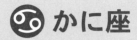

かに座

♋

対人関係

人に対して見返りを期待しないこと

愛情豊かなかに座は、自分の家族や仲間をとても大事にします。困っていることがあれば積極的に相談に乗って、手助けをすることに喜びを感じます。それがかに座の心の安定にもつながっているのですが「水星逆行」では、とにかく身内との間でギクシャクすることが起こります。

売り言葉に買い言葉で、ついきついことを言ってしまったり、信頼している人からの裏切り行為に傷つくことがあるかも。こんなとき「私がいつも助けてあげていたのに」と見返りを期待したり、恨み言を言うと関係はますます悪化します。

「水星逆行」の時期は、これまでの人間関係を見直すことが大切。自分が相手に依存しすぎていなかったか、振り返ってみましょう。過剰な身内意識は、自分も周囲も窮屈《きゅうくつ》にします。「与えた分だけ返してもらうのは当たり前」という思い込みを外すきっかけをたくさんもらうことになるでしょう。

かに座

仕事

成果が出るシステムづくりのチャンス

かに座は、仕事の内容や稼ぎ以上に「温かい雰囲気の仕事環境」かどうかをとても重要視します。心を許せる信頼関係を築いてこそ、仕事にも集中できるからです。

「水星逆行」では、信頼していた上司や部下が別の部署に異動したり、トラブルメーカーが加入したりして、ストレスがたまることが起こるかも。あなたの足を引っ張る存在がいるだけで、かに座の仕事のモチベーションはかなり下がってしまいます。

安定した人間関係がそのままダイレクトに仕事にも影響するかに座にとって、「水星逆行」の人間関係のトラブルは痛手になる可能性が。

この時期の試練によって、仕事の進め方を人間関係だけに頼るのではなく、誰が担当しても同じ成果が出るようなシステムに変えるなどの改善を図りましょう。あなたの意識を変えることで新たな信頼を築いていくようにすれば大きく成長できます。

かに座
♋
恋愛・結婚

相手との関係を深めるのはちょっと待って

恋人との関係を何よりも大事にするかに座は、お互いをいたわり合うような穏やかな関係を望みます。ところが「水星逆行」の期間は、なぜか相手にイライラしたり、浮気を疑ってしまったりして、つい厳しい言葉をかけてしまいがち。

愛情深い部分が裏目に出て、それが嫉妬や束縛という形になると、相手は嫌気がさしてしまいます。かに座本来の包み込むような愛情が、過剰な愛情の押し売りにならないように、「水星逆行」の期間は、恋人優先の生活から、自分の時間を大切にする生活にシフトしましょう。

またこの時期は、気持ちの焦りから「結婚話」を匂わせてしまうのは逆効果。相手の気持ちを試す行為も2人の関係にヒビが入る原因に。この時期はお互いの気持ちがすれ違うことが多くなるので、結婚や同棲など新たなスタートを切る決断はおすすめしません。

かに座

お金

お金の貸し借りは注意して

金銭感覚がしっかりしているかに座は、無駄を嫌い、しっかり貯蓄をするタイプ。お金を使うときは、自分のものを買うより、家族や親友にプレゼントすることに喜びを感じます。

「水星逆行」の期間は、親兄弟に金銭トラブルが発生して、その肩がわりをする羽目になったり、特殊詐欺に遭いそうになったりする可能性も。親しい人のためなら、というかに座特有の愛情深さが裏目に出ないように、慎重な判断が大切になります。この時期のお金を貸し借りも、のちのちトラブルに発展するので気をつけましょう。

またこの時期の大きな買い物も注意が必要。車や時計などの購入や、大きな金額の投資も「水星逆行」のときは、控えましょう。この時期にいろいろ検討して、順行に戻ったタイミングで購入するならＯＫです。一方、お世話になった人へのちょっとしたプレゼントは金運アップにつながります。

かに座 ♋

健康

自分を癒やせる場所を探してケアを

かに座はハードワークが続いても、自分が一番安らげる家でゆっくり休めば、ストレスも疲れも消え去ってしまいます。大好きな人たちのためなら多少の無理も乗り越えていけるのです。

ところが「水星逆行」の時期は、自分のベースとなる環境でトラブルが多発するため、心休まりません。それがストレスとなって片頭痛や腹痛などに悩まされがち。メンタルダウンから来る体調不良には要注意です。

この時期を乗り越えるには、自分だけの心の避難場所が必要。落ち着ける雰囲気のカフェ、アロマを使用した整体マッサージ、緑豊かな公園を散歩するなど、積極的に自分を癒やせる場所を探しましょう。

また運動不足を感じたら、朝のウォーキングやストレッチをルーティンにすると、「水星逆行」の体調不良を改善します。

基本Profile

♌ しし座

7/23 〜 8/22

気質は「直感重視型」。行動パターンはエネルギッシュに目標に向かってまい進するタイプ。自己肯定感もプライドも高く、常にリーダーシップを発揮してチームをまとめていきます。生まれながらの主人公気質で、自分が意識しなくても周囲から目立ってしまう存在です。その半面、苦手なものには急に尻込み。そこが自分勝手だと思われてしまうと、人望を失うことになりかねません。

水星逆行で向き合うテーマ

常に堂々と自分の意見やアイデアをアピールできるしし座ですが、「水星逆行」の時期になると、華やかさが裏目に出て「押し付けがましい」「大げさ」と、マイナス評価をもらうシーンが多くなります。しし座の才能や創造力を日頃から羨《うらや》んでいた人たちが、いきなり足を引っ張ってきたり、陰口を言ってくることもありそう。この時期は、意識して表現や主張の仕方を、相手に寄り添う伝え方になるように工夫しましょう。本来は無邪気さが魅力ですが「水星逆行」では相手を味方にするような「あざとさ」も意識して。

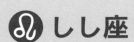

しし座

対人関係

不協和音を感じる相手とは距離を置いて

本来、しし座は大勢の人に囲まれながら、華やかな存在として活躍することに喜びを感じます。根っからのヒロイン気質なので、あまり苦労せずともメインのポジションをキープしてしまいます。

ところが「水星逆行」では、周囲と意見が合わなかったり、足並みを乱す存在が出てきてイライラすることが増える予感。とくにいつも行動を共にしていたメンバーや同じ部署の社員が、いちいちしし座を逆なでするような言動をしてくるのです。

持ち前のプライドの高さからつい、厳しい言葉を投げかけてしまい、それがきっかけで周囲から孤立してしまうことも。また連絡ミスや勘違いから、楽しみにしていたイベントに行けなかったり、ＳＮＳに良からぬ噂を書き込まれるかもしれません。しし座は強そうに見えて、一度人間不信に陥ると、立ち上がるまで時間がかかります。不協和音を感じたら一歩引いた距離で付き合うことも大切だと学びましょう。

しし座

仕事

トラブルを未然に防ぐために神経を使って

しし座は仕事でも先頭に立って皆をリードしながら精力的に働きます。負けず嫌いの性格もあってチームを鼓舞《こぶ》しながら目標達成していきます。ところが「水星逆行」の時期は、なぜかしし座だけが熱くなって、周囲と足並みが揃いません。仕事へのモチベーションに温度差があり、あなたの指示や意図が伝わらない場面が多くなります。

そのこともあり、アテにしていたことが外れてスケジュール通りにいかないことも多くなりそう。しし座は本来、細かい指示は出さずに相手に任せるタイプですが、「水星逆行」の時期だけは、仕事の大事な連絡事項は余裕をもって何度か確認して、いつも以上に丁寧に説明する心掛けが大切になります。ミスのリカバリーに時間をかけるより、ミスやトラブルを未然に防ぐために時間と神経を使って、この時期を乗り越えましょう。

しし座

恋愛・結婚

勘違いした恋愛をしがち

しし座はドラマチックな恋愛が大好きです。多少のアクシデントも恋のスパイスになり、どんどんヒートアップしていきます。とくに運命を感じるような出会い方をした相手を好きになってしまい、振り向いてくれるまで猛烈にアプローチしていきます。「水星逆行」になると、この傾向が高まり、惚れっぽくなるので注意が必要です。とくに昔別れた恋人に「運命」を感じて復縁しても、結局、同じ理由で嫌いになって別れることに。このように勝手に思い込んで勘違いをした恋愛をしがちになります。また勝手に勘違いをされてストーカーめいたことをされることもあるので、この時期、「恋人欲しいオーラ」は封印したほうがいいかもしれません。

結婚に関しては、この時期には具体的な話は進めず、様子見しましょう。あれこれ決めても白紙になる確率が高くなります。既婚者はお互い、なぜか気に障る発言が多くなりケンカが多くなるかも。細かい点は目をつぶるようにしましょう。

しし座

金運

この時期は高額の買い物はＮＧ

しし座は使った分だけお金が入って来る金運の持ち主。気前がいいので、友人たちにおごったり、まめにプレゼントを贈ったりするのも大好きです。貯蓄に走るより、大切な家族や仲間たちと楽しい時間を過ごすためにお金を使いたいと思うタイプ。

「水星逆行」になると、自分にもお金を使いたくなり、以前から欲しかったブランドものや高価な電化製品、インテリアなどを衝動買いしてしまうかも。その時は大満足しても、順行に戻るタイミングで購入したことを後悔するでしょう。この時期は高額の買い物はしないほうが無難です。

また「水星逆行」には、儲け話や副業の話を持ち掛けられることが多くなります。もともと人脈が広いしし座ですが、知り合いから紹介された儲け話は、この時期、疑って正解です。知らない主催者の懇親会やパーティに出席して、何か買わされたりするケースも。この時期、安易に出席するのは避けたほうがよいでしょう。

しし座

健康

気分がウキウキ晴れる場所でリフレッシュ

しし座は本来、バイタリティがあり、体力もあります。周囲に流されないのでストレスにも強いタイプ。ところが「水星逆行」の期間は、集中力が欠けることで、階段で転んだり、捻挫をしやすくなります。とくに急いでいたり、考えごとをして上の空になっているときは注意が必要です。

ストレスもたまりやすく、しし座には珍しく憂鬱《ゆううつ》な気分になることも。休日は気の合う友人たちとのおしゃべりやランチ会で気晴らしをしたり、自分の趣味を極めたり、推しのコンサートに足を運ぶなど、なるべく自分の気分がウキウキ晴れる場所に出向くようにしましょう。

楽しい時間に没頭することでリフレッシュされ、重い気分が解消するはず。不定愁訴に悩まされていた人も、上手に気分転換することで順行に戻る頃には自然と不調が消えていくでしょう。

基本Profile

♍ おとめ座

8/23 〜 9/22

気質は「感覚重視型」。行動パターンは状況を瞬時に判断して動く臨機応変タイプ。おとめ座は、気配り上手で几帳面です。責任感も強いので完璧さを求めて自分に与えられたミッションをきっちりこなしていきます。かといって堅物ではなく、根はピュアなロマンチスト。ただ細かい点に目が行き届く分、他人のアラもよく見えるので、ときどき手厳しく、毒舌を吐いて意外性を見せる場面もあります。

水星逆行で向き合うテーマ

正確で無駄がなく、分析能力に優れているおとめ座は、派手さはありませんが誰もが認める有能な人。周囲の人たちから頼りにされる存在です。ただ「水星逆行」の期間は、ことごとく計画通りにいかないことが巻き起こるので注意が必要。電車の遅延をはじめ、約束した相手からのドタキャン、パソコンの故障によるデータ消失など、きちんと計画通りに進まずイライラすることが増えます。効率を重視するおとめ座ですが、この時期はスケジュールを詰め込み過ぎないように、いつも以上に手間をかけてみて。

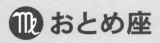

おとめ座

対人関係

周囲の人たちのわがままに注意

本来、おとめ座は他人の気持ちに敏感で共感能力が高いタイプ。どんな環境でも相手でも、持ち前の分析力で対応していけます。ところが「水星逆行」の期間は、つい他人の言動を悪いほうに受け取ってしまいがちに。他人の言葉や表情がいちいち気になり「私、何か悪いこと言ったかな?」「あの人、本当は私のこと嫌っているのでは?」と、過敏に反応してしまいます。

さらに周囲の人たちのわがままや自分勝手な行動に振り回されて、疲れ果ててしまうのです。おとめ座には珍しく、人嫌いになって1人の時間をもちたくなるでしょう。この時期は、無理して他人に合わせるよりも、自分が癒やされたり、好きなものに囲まれて過ごしてみてください。

人と会うなら、昔の友人や知人がおすすめ。学生時代の友人や恩師との懐かしい時間が、おとめ座の気持ちを元気にしてくれます。

おとめ座

仕事

頼まれごとが多くなり自分の仕事が後回しに

おとめ座はもともと名補佐役。トップで組織を引っ張っていくより、サブリーダーとして実務的なことをまとめていくのが得意です。「地味だけどできる人」という裏リーダー的な存在なので、いろいろな人たちがおとめ座を頼りにします。

「水星逆行」の時期は、この傾向が強まり、仕事仲間からの悩み相談、頼まれごと、フォローなどがおとめ座に集中してきます。情に厚いおとめ座は、自分を頼ってくる人たちを何とかしようと奮闘しますが、そのうち自分のことがまったくできない状況に追い込まれていきます。完璧主義なので、自分の仕事がやり切れていない状況に、とてもストレスを感じて、ついに「裏の顔」である「毒舌・おとめ座」が出現。辛辣《しんらつ》な言葉を周囲に浴びせてビビらせてしまい、自己嫌悪に。この時期は、仕事に関しても「ほどほど」を心がけて、オーバーワークにならないようにスケジュールを立てましょう。

おとめ座
恋愛・結婚

相手を束縛したりコントロールしないこと

おとめ座は好きになった人には尽くすタイプです。相手のためになることをしてあげたり、アドバイスをしてあげることで愛情を注ぎます。細かいところにも配慮できるので、おとめ座とお付き合いする恋人はとても居心地が良く安らぎを感じるのです。

ところが「水星逆行」の期間は、恋人やパートナーのことがいろいろ心配になり、世話を焼きすぎて相手に煙たがられてしまうことが多くなります。自分では良かれと思って相手に尽くしていることが、相手にとっては束縛やコントロールになってしまうと、この時期、あなたから気持ちが離れていくことにもなりかねません。

「水星逆行」の時期は、恋人への愛情を腹八分目くらいに抑えておきましょう。相手への束縛はこの時期、すべて裏目に出てしまうので注意が必要です。好きな人とはいつも一緒にいたい、と思うおとめ座ですが、あえて1人の時間をもって自分磨きをしたほうが、好きな相手はあなたを離したくない、と思うでしょう。

おとめ座

♍

お金

お金の話は即断即決しないこと

もともとお金に関してはシビアな考えをもつのが、おとめ座です。コスパを重視して無駄な買い物はしない主義。ただ漠然とお金を貯めるのではなく、「別荘がほしい」など具体的な目標のために貯金をします。

「水星逆行」の時期も、この考えに変わりはないのですが、知人から紹介されたファイナンシャルプランナーに投資をすすめられたり、寄付団体の話に感動して多額の寄付をしようとしたり、何かとお金にまつわる話が舞い込んできます。

根が真面目な分、つい真剣に考えてしまいますが、この時期、大きな金額を動かすことはおすすめしません。たとえプロのアドバイスでも、即断即決しないでほかの人にも相談しましょう。「水星逆行」の時期は、おとめ座の「人の役に立ちたい」という気持ちに付け込まれて、騙されることも多くなります。一見、良さげな副業の話もこの時期、じっくり検討してから結論を出すようにしてください。

おとめ座

健康

気になる症状は早めに受診を

おとめ座はきめ細かい気配りができる人です。それゆえに大勢の人の集まりでは、場を盛り上げたり、気を遣ったりして、家に帰るとグッタリなんてことも。とくに「水星逆行」の時期は、エネルギーの電池切れが起きやすく、疲れがなかなか抜けません。しっかり食べて、しっかり睡眠をとることが、おとめ座のパワーチャージになるので、この時期は意識して「休めるときにはゆっくり休む」を心がけましょう。

また、これまで症状が出なかったアレルギーになったり、食あたりにあったりするのも、「水星逆行」にはよくあること。実は、おとめ座はとても心配性な面があります。体調不良になると、つい「何か悪い病気では？」と気になってネットであれこれ調べてしまいますが、そこでの情報を鵜呑《うのみ》みするのは危険。勝手に判断するのではなく、気になる症状があれば病院へ。あれこれ心配するよりも、早めに受診して処置してもらったほうがずっと安心です。

基本Profile

♎てんびん座

9/23 〜 10/23

気質は「思考重視型」。行動パターンは社交的で積極的に人との交流を図る行動派タイプ。センスのある振る舞いで会う人たちを魅了していくてんびん座は、空気を読む天才です。自分のいる環境や集まった人たちの顔ぶれで、自分がどう振る舞えば好感度が上がるのか、瞬時に計算します。持ち前の協調性とバランス感覚で、何事もそつなくこなす、天性の“人たらし”と言えるでしょう。

水星逆行で向き合うテーマ

バランス感覚がバツグンに良いてんびん座は、さまざまな年代の人たちと上手に会話をしてうまく付き合うのが得意。派閥やグループに縛られずに上手に渡り歩くので、人脈の広さはピカイチです。ところが「水星逆行」に入ると、てんびん座特有のバランス感覚が崩れていきます。人との距離をとるのが上手なてんびん座が、社内の派閥争いに巻き込まれたり、クライアントやパートナーシップを結んでいた人たちとギクシャク。人間関係の見直しを迫られ、アタフタすることが多くなるので心しておきましょう。

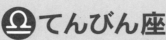

てんびん座

対人関係

優柔不断になると周囲から不評を買う

さまざまなタイプの人たちと上手に付き合うてんびん座は、仕事でもプライベートでも人と人をつなぐ役割を担います。自分自身も、誰かを紹介したり、引き合わせたりすることに生きがいを感じています。

「水星逆行」では、相手に合わせる天才のてんびん座が、なぜか言葉のチョイスを間違えて相手を怒らせたり、ダブルブッキングをして顰蹙《ひんしゅく》を買ったりすることが増えます。人間関係がギクシャクしてくると、てんびん座は適切な距離感がわからなくなり、とたんにすべての人と距離を置くようになります。

「水星逆行」になると、優柔不断な面が強調されて、誰に対してもどっちつかずの態度をとり、さらに不評を買うことも。調子のいい時はあまりにもスマートゆえに、裏の顔とのギャップで周囲を戸惑わせます。この時期は、あえていい人を演じないようにしましょう。

てんびん座

仕事

あえて「縁の下の力もち」的な存在で

てんびん座の全方位に気を配って自然と皆を取りまとめてしまうコミュニケーション能力の高さは、ある意味、憧れの存在でもあります。組織やグループにてんびん座がいると、なぜか安定感が出て結果が出やすいのも特徴でしょう。

「水星逆行」でも、仕事に関しては大きなトラブルはないものの、注意したいのは交渉や相談ごとが多くなること。周囲がてんびん座を頼って、あれこれ頼みごとをしてきます。本来、バランス感覚に優れているため、それぞれ考えや性格が違う人たちと上手に付き合えるてんびん座ですが、この時期は優柔不断な面が出てくるため、仕事の交渉ごとには勘が鈍って結果が出せないことが多くなります。

「水星逆行」の時はあえて縁の下の力持ちとして、あくまでもサブで動くほうがよいでしょう。またおいしい転職話、スポンサーが現れても、この時期は様子見でＯＫ。判断が鈍る時期なので１人で決断せずに必ず信頼できる人に相談しましょう。

てんびん座

恋愛・結婚

訳アリの相手にのめり込みそう

おしゃれで品のあるてんびん座は、ずっとモテ街道を歩いてきた人。意識しなくても勝手に素敵な人が寄ってきて、恋愛モードになれるのです。天性の駆け引き上手でもあるので、これまで恋愛で苦労してきたことは少なかったはず。

ところが「水星逆行」の時のてんびん座は、なぜか恋愛の勘が冴えません。出会ってもピントが合わずに、本来なら絶対に選ばない相手に引き込まれてしまいます。相手の好みに合わせるうちに、どんどん好きになってしまい、気が付いたら相手が訳アリの人だった、ということも……。

結婚に関しても、これまでトントン拍子にきた人ほど、親の反対に遭ったり、相手の仕事の都合で遠距離になってしまったり、結婚話のテンションが下がることがあるかも。お見合いやマッチングアプリでの出会いも期待薄。てんびん座にしては、いきなり急ブレーキを踏まれるような恋愛事情になりそう。

てんびん座

金運

将来のマネープランを立てるのは吉

てんびん座は、自分磨きのためにはお金を使うことを惜しみません。月に一度の美容院やネイルやエステはもちろん、趣味やスキルアップのためにお金を使っていることでしょう。

また、通常は「人と楽しくコミュニケーションすることにお金を使う」てんびん座ですが、「水星逆行」の期間は5年後、10年後にどのような生活を送りたいのか、しっかりビジョンを定めて計画的な資金づくりを考える時です。

この時期は、周囲の友人たちの金銭事情も気になり、実は皆、将来のために手堅く貯蓄をしたり、ライフプランニングをしていることを知り、漠然とした焦りを感じるかも。

プライベートで遊ぶためにお金を使うより、マネープランニングのセミナーに参加したり、関連の本を読んで勉強するためにお金を使うようにしましょう。

てんびん座

健康

太陽の光を浴びながら体を動かして

てんびん座は、「愛と美」の星であるため、美容と健康には人一倍気を遣います。持ち前のバランス感覚は食生活にも影響して、偏食はせず、バランスよく食事を摂るようにしているはず。ダイエットにも積極的で、最新のダイエット法を試したり、フィットネスジムに通って健康と体型を維持するのは得意です。

ところが「水星逆行」では、普段、自分が弱い箇所にダメージが出やすいので注意。肌が敏感な人は原因不明の蕁麻疹《じんましん》が出たり、冷え性の人は風邪を引きやすくなります。のどや目に影響が出る人もいるので、違和感があれば早めに受診しましょう。

またホルモンバランスの乱れから軽い不眠症になるケースも。「水星逆行」の時期は、夜更かしせずに早めに就寝し、朝は早く起きて早朝ウォーキングするのがおすすめ。太陽の光を適度に浴びて体を動かすと、ちょっとした不調はすっきり解消するでしょう。

基本Profile

♏さそり座

10/24 〜 11/22

気質は「感情重視型」。行動パターンは新たなこと、未知な世界より、気心知れた仲間と一緒の環境、馴染みの場所にいることを好む安定志向タイプ。ものごとをとことん掘り下げる集中力があるさそり座は、コツコツと粘り強く目標を達成します。胸の内に情熱を秘めているため、秘密主義な面も。人当たりは良いのに、腹の内を見せないので、「ミステリアスな人」と思われがちです。

水星逆行で向き合うテーマ

さそり座は本来、大きな変化を好まず、これまでの流れを継承したり、より安定した環境を維持することを重視して、特定の人間関係を大事にします。ところが「水星逆行」になると、安定した環境、人間関係ほど変化が激しくなります。社内の部署異動や転勤、業績悪化によるリストラ、プライベートでは旧友との意見の相違や裏切り、馴染の店の閉店など、さそり座の安全地帯が崩れていくような不安を感じるかも。この時期は、人間関係の断捨離が必要。去る者は追わずで、不要なもの、人、環境を手放す時期です。

さそり座
対人関係

人の詮索はしないこと

長く安定した人間関係を求めるさそり座は、いつもの顔ぶれに安心し、組織や人に依存する傾向があります。裏を返せば、それだけ愛社精神や帰属意識が強いということでもあります。また、「自分が情熱や愛情を注いだ分、相手も同じ分だけ返してほしい」という気持ちも強く、それが嫉妬深さや独占欲につながるのです。

「水星逆行」の期間に入ると、その傾向が強くなります。もともと公私ともに親しい人と身内のような関係を築くさそり座は、この時期、愛情過多になって周囲を監視したり、コントロールしようとします。

家族や恋人、知人のスケジュールを把握して、詮索するようなことが続くと、さすがにさそり座から離れていく人も出てくるでしょう。この時期、独占欲や嫉妬心は抑え気味に。自分がこれからも大切に付き合っていきたい相手に対しては、下手に詮索などせずに、ほどほどの距離で付き合うように心がけましょう。

さそり座

仕事

オーバーワークに注意

さそり座は安定志向なので、できるだけ同じ職場や業界で仕事をしていきます。仕事のスキルを身につけたり、資格取得にも積極的です。仕事で関わる人たちとの関係も大事にして、職場の環境にも気を配って良い雰囲気にしようと努力します。

ところが「水星逆行」の時期になると、仕事に集中できない状況に追い込まれます。後輩のトラブルのフォローや上司からの無茶ぶり、気難しいクライアント対応が続き、さそり座はストレスがたまる一方。本音を明かさないので、さそり座が無理を重ねていることに気づかず、しまいにはオーバーワークでダウンすることも。

この時期は自分以外の仕事が増えることを覚悟して、最初から自分1人で引き受けない体制をつくりましょう。突発事項の対応は苦手なので、できるだけスケジュールに余裕をもってリスクヘッジをしておくこと。この時期の経験はのちに大きなプラスとなり、昇進や昇給に結びつくでしょう。

さそり座

恋愛・結婚

三角関係や不倫の誘惑が多くなる時

さそり座はセクシーで謎めいた部分もあり、そこにいるだけで周囲の人たちを魅了する存在です。思わせぶりをしているわけではないのに、相手に「自分のことが好きなのかも」と思わせて、一気にゾッコンにさせるのです。

「水星逆行」の時期は、この魅力がいい意味でも悪い意味でもはじけます。さそり座自身がいつも以上に刺激を求めて気になる相手を惑わせてしまうからです。もともと秘密主義のさそり座は、この時期、三角関係や不倫の誘惑も多いので安易に関係をスタートさせてしまうと、あとで泥沼化するかも。

すでにパートナーがいる人は、刺激を求めるさそり座と相手との温度差が出てしまうかも。それを愛情不足だと責めてしまうと、相手はあなたを負担に感じます。とくにさそり座は「水星逆行」の時に恋愛や結婚に関するトラブルが多くなる傾向があるので、恋の炎を燃やすのはほどほどに。

さそり座

金運

この時期出ていくお金は厄落としだと思って

もともと金運があるさそり座は、ピンチになっても臨時収入が入ったり、支援してくれるスポンサーが現れるので、正直、お金に困ったことはないでしょう。

「水星逆行」の時は、これまでの恩恵に預かっていた存在が悩みの種になりがち。親の遺産相続でもめたり、お世話になった人のお金のトラブルの尻ぬぐいをする羽目になったりすることも……。

「水星逆行」の時期は、過去の清算が起こりやすく、水のエレメントであるさそり座は、とくに影響を受けやすいと言われています。自分1人で背負いきれないことは、専門家に相談しましょう。

またこの時期に出ていくお金は、厄落としだと思って快く出すようにしましょう。気持ちよく支払ったお金たちは、将来、良い形で戻ってきます。間違っても「お金は汚いもの」と思わないようにしましょう。

さそり座

健康

ストレスをためないようにゆっくり休む

さそり座は自分のメンタルの状態がそのまま体調に直結するタイプです。喜怒哀楽を誰にでもオープンにしないので、ストレスをためやすく、自律神経系にダメージを受けやすい傾向があります。

「水星逆行」では突発的なトラブルが多いため、どうしてもストレスがたまりがちになるさそり座は、オンとオフの切り替えが重要です。仕事で残業はしない、バスソルトを入れたお風呂にゆっくり浸かる、ハードなトレーニングやダイエットはこの時期お休みして、好きなものをお腹いっぱい食べるなど、自分を癒やして甘やかしてＯＫです。さそり座は意外と自分の体調に無頓着なところがあり、疲れきるまで頑張ってしまいがち。「水星逆行」の時期はストレスがたまるとすぐ免疫もダウン。風邪を引きやすくなったりするので、お疲れサインが出る前に、心身ともにゆっくり休むことを心がけましょう。

基本Profile

♐ いて座

11/23 〜 12/21

気質は「直感重視型」。行動パターンは生まれながらの自由人で、新しいこと、刺激的なことを求めて動き回る行動派。あっけらかんとしているいて座は、もともと根拠のない自信をもっています。それゆえに自分に正直で、何か失敗をしても立ち直りが早いのが特徴。単純明快で裏表がないため敵も少ないですが、悪く捉えると「いい加減でおおざっぱ」と思われることも。

水星逆行で向き合うテーマ

いて座はスーパーポジティブなので、いつも夢みる冒険家のように人生を謳歌《おうか》します。常に楽しいこと、新しいことを見つけてチャレンジしています。

「水星逆行」の時期も、基本は「自分は何があっても大丈夫」と自信をもっているので、多少のスケジュール変更やトラブルも、ゲームをクリアするように楽しみながら乗り越えていきます。ただこの時期は知識や準備が不足してチャンスを逃すことも。さらなる高みを目指すなら、きちんと目標を定めて「水星逆行」の時期こそ、自分の力を蓄えましょう。

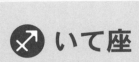

いて座

対人関係

トラブルメーカーとの関わりが多くなる時

好奇心の赴《おもむ》くまま行動するので、趣味も人脈も広くＳＮＳのフォロワー数が自慢なのも、いて座の特徴です。人に有益な情報を教えるのが好きなので、インフルエンサー的な立場になる人もいるでしょう。

「水星逆行」の期間は、今の自分をさらにステップアップしたくて、行動派を広げたくなりますが、この時期に出会う人たちは、いて座にとってはトラブルメーカーが多い予感。一緒にいて株が上がりそう、目立ちそう、という視点で出会う人を選んでいると、あとで大きなツケがきそう。

今後、対人関係を広げていくなら海外に目を向けてみましょう。「水星逆行」はそのための準備期間として、語学を学んだり、海外の料理を扱うレストランに足を運んだりと、いろいろな角度から海外の文化や知識を学ぶことがおすすめ。また、見栄のための人間関係ではなく、お互い高め合う関係を意識して築くようにしましょう。

いて座

仕事

あえて価値観が合わない人とコンビを組んで

フットワークが軽く、新たな環境に飛び込んでいくいて座は、アイデアも豊富なので常に斬新《ざんしん》な提案をしてくれる頼もしい存在。多少の失敗にはめげずに前進していくので、いて座が同じ職場や仕事のチームにいると、他のメンバーもエネルギーをもらいながらミッションをクリアしていけます。

ところが「水星逆行」になると、自由人のいて座を押さえつけるような存在が出現。何かとルールや常識を押し付けて説教してくるでしょう。この時期は、自分とかけ離れた人と縁がある時。「イヤな奴」「価値観が合わない」と煙たがらずに、自分にはない考えを学ぶ姿勢をもちましょう。

この時期に精神的な成長を遂げたいて座は、順行に戻る頃には一皮むけた存在感を放つはず。異文化交流もおすすめ。人生観が変わるような出会いがあるのも「水星逆行」の影響なのです。

いて座

恋愛・結婚

その場のムードに流されやすい

いて座は常にオープンマインドなので、恋愛のチャンスも豊富です。変な壁をつくらないので、友だちモードから自然に恋人になります。ただ気分屋でその場のムードにも流されやすいので、恋愛愛関係が長続きしないのも、いて座の恋愛模様です。気ままに恋を楽しみたいので、結婚願望もあまりありません。

「水星逆行」の時期は、この傾向が強まり、恋のジプシーのように出かける先で恋のパッションが燃え上がりそう。とくに旅先やいつもは行かない店などで出会った相手は要注意。あなたのほうがゾッコンになり、相手に振り回されることに。素性を調べたら既婚者だった、詐欺師まがいの相手だったということも。

この時期の恋の痛手は、いて座らしくなくかなり引きずりそう。または本命がいるのに浮気して、それがバレて結婚話がなくなることも。いつも以上に軽はずみな行動になりがちなので、相手や状況を見極める目が必要です。

いて座

金運

出費が多くなるので本当に必要なものを厳選して

いて座はお金にはあまり関心がありません。やりたいことを我慢して貯金するより、自分が興味のある場所に行き、好きなものを手に入れたいと思っています。お金はあればあるだけ使ってしまうので、気がつけば貯金残高がゼロということも。

さらに「水星逆行」では、予定外のスケジュールがどんどん入ってくるので、交際費がかさんでいつも以上に出費が多い時期。現金よりカードで支払いをすることにより、あとから多額の請求がきてビックリすることもありそうです。

この時期は、あえて将来のために貯蓄をする計画を立てましょう。外貨預金、外国株式の購入もおすすめ。一度、お金が増えていく楽しさを知ると、今度は投資などにのめり込んで、大きく財産を増やせるのもいて座ならでは。

「水星逆行」はどちらにしても出費が多い時期なので、少しでも将来のためになるものにお金を使うとよいでしょう。

いて座

健康

車の事故やケガに注意

アウトドア派のいて座は、体を動かすのが大好きです。日頃からスポーツをしたり、トレーニングジムで汗を流したりして健康的な生活を心がけています。凝り性でもあるので、健康グッズを徹底的に集めたり、サプリやダイエットメニューを食事に取り入れたりしています。

このように健康に気を遣っているいて座ですが、「水星逆行」の時期は、ついうっかりタンスの角に足をぶつけたり、包丁で指を切ったり、人と交差点でぶつかったりしがちです。また、自転車や車、バイクの巻き込まれ事故にも遭いやすいので、この時期は注意が必要です。とくに歩きスマホやイヤホンで音楽を聴きながら歩いていると、注意力が落ちるので、危険察知ができなくなります。ケガのトラブルに遭いやすくなるので、いつも以上に周辺を見渡して安全を確かめるくらいでちょうどいいでしょう。

基本Profile

♑ やぎ座

12/22 〜 1/19

気質は「感覚重視型」。行動パターンは地道にコツコツ粘り強くやり抜く職人タイプ。慎重で堅実なのでスピーディに行動したり、その場で変更が多い作業は苦手ですが、初志貫徹する忍耐力があるので最後に勝者になる確率が高くなります。長期戦に強いやぎ座は、若い頃は地味で目立たなくても、誠実な性格から周囲の信頼を得て、実績を重ねて出世していくタイプです。

水星逆行で向き合うテーマ

人生におけるキャリアを努力して積み上げていくため、長期スパンで目標を実現していきます。着実に結果を出していくので、結果、組織や会社から求められてリーダーの立場を勝ち取っていきます。

「水星逆行」の時期は、さまざまな課題や要求が表面化してきます。結果重視のやぎ座にとって「人気」はあまり気にしていませんが、人を集めるには声をかけられるような雰囲気や外見も大事なのだと、この時期思い知らされます。イメージチェンジや改革など苦手なことにチャレンジすることになるでしょう。

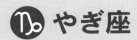

やぎ座

対人関係

人に対してガッカリすることが多くなりがち

人に対して丁寧に接するので、どんなタイプからも好感度が高い人です。第一印象は華やかではありませんが、誠実な人柄に「一緒にいると安心する」と思われます。信頼度が高いやぎ座なので、友人関係では幹事や取りまとめ役を頼まれがち。そういう意味では真のリーダーとも言えます。

「水星逆行」の期間は、やたらと友人たちがやぎ座に頼みごとをするようになります。頼られると嬉しいやぎ座は、友人のために力になろうとしますが、安請け合いして自分のプライベート時間がなくなり、後悔することに。

この時期、友人たちに良かれと思ってやったこと、言ったことが勘違いされたり、ありがた迷惑な反応をされて、ガッカリすることも多くなります。思いやりのあるやぎ座には辛い時期ですが、人に対して期待せず、自分のペースで人付き合いをするように心がけましょう。

やぎ座

仕事

自分1人で仕事を抱え込まないで

責任感が強く、スケジュール管理が得意なやぎ座は、組織の中ではなくてはならない存在です。縁の下の力持ち的な存在かと思いきや、実は秘めたる野心ももっています。「いつかは起業したい」「自分のお店をもちたい」という目標を資金集め、人脈づくりも含めてコツコツと実現していくために努力します。

「水星逆行」では、メッセンジャーとしての役割を担って、やぎ座を中心にチームや組織が回ることも多くなります。大事な情報や連絡を管理する中で、連絡ミスや漏れ、書類の記載間違いが起こりがちです。

本来は細かいチェックなどは怠らないやぎ座ですが、マルチタスクが続くとミスをしやすくなるので注意が必要です。とくに真面目なやぎ座は、自分1人で仕事を抱え込み過ぎてしまう傾向が。この時期、オーバーワークはトラブルの原因に。早めに同僚にSOSを出してフォローしてもらいましょう。人に上手に頼ることも必要です。

やぎ座
恋愛・結婚

好きな人の気持ちを確かめる行為は裏目に

真面目で古風な雰囲気が逆に目立って、自然とモテてしまうやぎ座。恋愛に関しても手堅く、自然な出会いから友人関係を経て恋人へと昇格させるパターン。これまでも一目惚れや旅先などの出会いから恋愛に発展することは少なかったはず。

「水星逆行」の時期に入ると、不思議と人恋しくなったり、交際中の人は結婚を強く意識するようになります。ここでも手堅い面が出てしまい、気になる相手の周辺調査をしたり、交際相手に結婚の意思があるのか、それとなくリサーチしたり。

その裏には「失敗したくない。裏切られたくない」という不安が隠れています。この時期は疑心暗鬼が裏目に出て、相手から煙たがられたり、焦っていると思われて結婚話が進展しません。「水星逆行」の時期は、つい自分の幸せを優先に考えてしまいますが、好きな人と一緒に幸せになるための準備期間としましょう。この時期、相手の気持ちを試すような行為はすべて裏目に出てしまうので注意が必要です。

やぎ座

お金

お金関係の情報はしっかりリサーチを

やぎ座はお金に関してとてもシビアな面があります。キャリアにあった収入になっているか、将来の資金は足りているかなどをしっかり計算します。見通しが立たないこと、自分の働きに見合った収入になっていないことに不安や不満を感じがちです。「水星逆行」に入ると、この傾向が高まります。本気でもっと収入のいい会社や職種に転職を考えてしまうかも。お金の面だけを考えて転職を考えると、あとあと後悔することが多くなりそう。しっかり情報をリサーチしましょう。

またおいしい副業話にも注意が必要です。「趣味を稼ぎにしませんか?」という儲け話はしっかり話を聞いてから決めてください。この時期、漠然とお金の不安に関する情報が耳に入ってきますが、ネットの情報よりも専門家の話を聞くように。保険や定期預金の見直しには良い時期なので、将来に向けてプランの変更などは考えてみてもよいでしょう。

やぎ座

♑

健康

いつもより睡眠時間はたっぷりと

やぎ座は日々のルーティンを大事にします。朝起きてから寝るまで、自分の生活リズムを整えることで、健康をキープしています。また健康オタクの面もあるので、話題の食事法、トレーニング、ダイエット、サプリなどは積極的に取り入れることも。

「水星逆行」の時期は、やぎ座のルーティンが乱れがち。スケジュールの変更が多く、昼間、食べる時間がなかったり、仕事で残業が続き、睡眠時間が少なくなったり。

やぎ座にとっては、スケジュール通りにいかないことが想像以上にストレスになります。ルーティンが乱れると、便秘になりがちになり、それが肌トラブルにつながります。この悪循環を断つには、意識して癒やしタイムを設けましょう。休憩時間にはカフェインより自律神経を整えるハーブティーを飲むようにしましょう。

部屋に観葉植物や季節の花を飾るだけでも、ストレスが緩和されます。この時期は自分を癒やすことを最優先にしましょう。

基本Profile

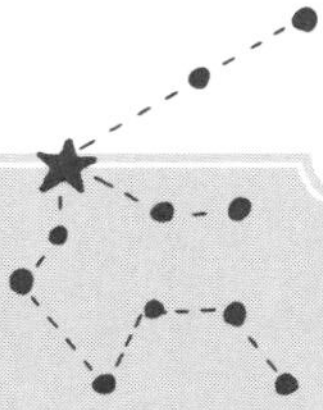

♒みずがめ座

1/20 ～ 2/18

気質は「思考重視型」。行動パターンは常に自由を求めて常識に縛られないタイプ。誰にでも平等に接するみずがめ座は、出世や社会的地位には興味がなく、自分の個性を発揮できる環境を求めていきます。実は個性的でエキセントリックな面があるみずがめ座は、周囲に理解者がいるどうかで生きやすさが決まります。言葉足らずな面があるので、意識して仲間を増やす努力も大切です。

水星逆行で向き合うテーマ

環境に流されず自分の感性で生きていくのがみずがめ座。冷静に状況を判断する着眼点は素晴らしく、自分を成長させるチャンスをつかんでいきます。「水星逆行」の期間、趣味が同じ人たちとの集まりが多くなりますが、個人行動が好きなみずがめ座にとって期待しすぎるとガッカリすることも。もともと他人からの束縛が苦手なので、人間関係を深めることより将来に役立てるための情報収集と割り切りましょう。またＳＮＳでのつながりはコミュニケーションがうまくいかず不調。リアルでの付き合いを優先して。

みずがめ座

対人関係

オンとオフはしっかり分けて正解

みずがめ座は組織という枠に縛られずに自分の個性を生かせる人間関係を理想としています。利益やメリットはあまり考えずに理想を追いかける生き方をしますが、オリジナリティあふれる言動が、人からは変人に思われることも。「水星逆行」では、その個性があふれ出て、いつも以上に人の目を気にせず行動するようになります。そのせいで、あなたの言葉尻を捉えて誤解されたり、非常識な人とレッテルを張られたりすることも。もともとオンとオフをしっかり分けたいタイプなので、この時期はプライベートの時間を充実させるとよいでしょう。愚痴《ぐち》の多い人とは距離を置いて正解。あくまでも共有できるビジョンが同じで、一緒にいる時間を気持ちよく過ごせる相手を選ぶことです。この時期に深く理解し合える関係を築けるかどうかで、順行に戻った時の人間関係が決まります。ある意味、人間関係で苦労しがちなこの時期こそ、真の仲間かどうかがわかるのだと心得ておきましょう。

みずがめ座

仕事

チームワークを最優先に仕事を進めて

みずがめ座は常に冷静で、時に斬新なアイデアを出すので組織や仕事のチームにはなくてはならない存在として活躍します。ときどき皮肉屋になって周囲を困らせますが、人との距離のバランスが良いので大きなトラブルは起こしません。

ところが「水星逆行」になると、常識に縛られないエキセントリックな面が強調されます。仕事のプロジェクトでも自分の意見を通そうとしたり、仕事のペースが遅い同僚をないがしろにしがち。仕事を効率よくこなすことを優先してしまい、ビジネスライクな対応に不満をもっている人たちが出てきそうな気配です。

「水星逆行」の時こそ、仕事上での信頼できるチームづくり、仲間づくりを優先しましょう。お互いを補い合える仲間をつくることは、みずがめ座にとっても大きな財産になります。それにはできるだけリアルに会って意見を交わすこと。チームワークを高めることを「水星逆行」のミッションとしましょう。

みずがめ座

恋愛・結婚

この時期出会った相手とは腐れ縁に

みずがめ座はある意味、12星座中、一番モテるタイプかもしれません。相手に依存せず、自分の世界をしっかりもち、公私のバランスも良いみずがめ座は、洗練された魅力にあふれています。

「水星逆行」の期間は、自由気ままな面が強調され、恋人やパートナーを後回しにしがち。浮気願望があるわけではないのですが、なぜかこの時期、みずがめ座をビビッとさせる刺激的な人との出会いが多くなります。

新たな出会いのほうに自分の興味関心が行ってしまい、恋人や配偶者に嘘をついて出かけたり、不穏な雰囲気になりがち。この時期、気軽にフランクな関係になってしまった相手とは結局、腐れ縁になる予感。実はあなたが思うほど、相手は精神的に大人ではないかも。あとあと面倒なことに巻き込まれないように、恋愛関係全般に慎重な対応が大切です。

みずがめ座

金運

身につけるものはこの時期買わないこと

みずがめ座はお金を稼ぐことにあまり興味がありません。その代わり、自分が興味のあることには思い切って大金を使うことも。積極的に貯金もしないので、稼いでも手元に残らないことが多いでしょう。

「水星逆行」の時期は、趣味や交際費でお金が出ていくことが多くなります。レジャーや飲み会など、楽しいお誘いに参加するのはいいですが、自由に行動するためにはある程度の貯蓄は必要。この時期は本当に欲しいもの、やりたいことの優先順位を明白にして、具体的な貯蓄プランを立てると◎。

また、日頃お世話になっている方への贈り物はぜひ。この時期、生きたお金を使うと、さまざまなトラブルの厄落としになります。ただし、「水星逆行」でいつも身につける時計やアクセサリー、お財布を購入するのはNG。気に入ったものが見つかっても、実際に買うのは順行になってからにしましょう。

みずがめ座

健康

足りない栄養素はサプリで補って

自分の自由が確保できる環境ではのびのびと活動できるみずがめ座ですが、ルールに縛られたり監視されたりすると、とたんにメンタルダウン。精神的なストレスがそのまま体調にダイレクトに影響し、お腹がゆるくなったり、片頭痛、風邪を引きやすくなったりします。

「水星逆行」は人間関係でのストレスがたまりやすい時期なので、どうしても体調を崩しやすくなります。実は逆行時期に入ってから対応しても遅いので、逆行に入る1週間前から「いつもより睡眠時間を多くとる」「アルコールはほどほどに」「体を動かして汗をかく」など、自分で健康になるためのルーティンを実践して、「水星逆行」に備えましょう。

食事に関しても偏食が多いので、足りない栄養素はサプリで補うなど、この時期は意識してバランス良く栄養を摂るようにしましょう。

基本Profile

♓うお座

2/19 ～ 3/20

気質は「感情重視型」。行動パターンはインスピレーションを大事に、豊かな感受性を生かして行動する夢追い人。共感性が素晴らしく周囲に優しさと思いやりをもって接します。その分、環境に流されやすく自分を取り巻く人間関係次第で幸福度がアップダウンしがち。大事な場面ほど自分の勘を頼りに決断するところも。経験を重ねてマイルールを確立できれば最強の人生を歩めます。

水星逆行で向き合うテーマ

うお座はもともと目に見えないスピリチュアルな世界に興味をもち、イマジネーション豊かなタイプ。感性豊かな面をそのまま発揮できれば魅力全開ですが、自分を解放できない環境にいるとできない理由を考えてしまう面も。「水星逆行」では、感受性の強さが悪いほうに出てしまい、自信を失いがちに。夢があるから頑張れるうお座だけに、根拠のない不安感に襲われる「水星逆行」期間は、憂鬱に。この時期は、同じ趣味や夢を持っている人たちを誘ってみて。マイナス思考がプラスになる考え方に触れましょう。

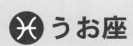

うお座

対人関係

言葉足らずでコミュニケーションがうまくいかない

うお座はもともと共感能力が高く、自分に関わった人たちを理解しようと努めます。できるだけ温かな雰囲気と関係性をつくろうと気を配るので、うお座がいると人間関係が良好になります。ただし、その場の空気が悪くなることを嫌うので、相手のわがままな要望を断れずに、自分だけがストレスを抱え込むことも。

「水星逆行」の時期は、水のエレメントのうお座だけに小さなトラブルが大きくなりがちです。とくに「察し合い」をモットーにしているうお座は、いちいち細かな説明をしません。それが裏目に出て、相手には悪意に捉えられたり、言葉足らずで真意がまったく伝わっていなくてガッカリすることが多くなりそう。結局、我が強くて自己中心的な人に振り回されて、尻ぬぐいや貧乏くじを引いて疲れ切ってしまいます。この時期、自分が苦手だと感じる相手ほど、しっかりコミュニケーションをとるようにしましょう。くどいくらい確認をして誤解されないように予防するのが得策です。

うお座

仕事

仕事に没頭しすぎて方向性を見失う

うお座は勘がするどく、仕事のうえでもどこが大事なポイントなのか、どこを売り込んでいけば結果が出るのか、瞬時に見極めるセンスをもっています。うお座本人はその根拠がすべてわかっているわけではないのですが、プロジェクトの方向性を見出せるのは1つの才能です。

ところが「水星逆行」の期間は、仕事に没頭するあまり、周囲とコミュニケーションがうまくとれなくなり、人に対するきめ細やかな対応ができなくなりそう。普段は調和を重んじるうお座らしからぬ行動に、周囲は動揺するかも。この時期のうお座は他人の思惑より自分が探求したい世界に集中したい気持ちが強くなります。それが冷たいとか自分勝手と誤解されるかもしれませんが、これもうお座の本質の1つなのです。仕事をするうえで多少荒波は立っても、この時期の仕事の進め方はのちのち、うお座の実績につながっていくでしょう。

うお座

恋愛・結婚

恋愛トラブルは信頼できる人に相談を

ロマンチストのうお座は恋愛体質で、素敵な人と出会うとすぐに恋心を抱いてしまいます。相手の気持ちを読み解くのが得意なので、相手の好みに合わせて自分を表現できてしまいます。自分からアプローチしなくても恋が成就するのは、うお座の変幻自在さにあります。

「水星逆行」で一番影響が出るのが、恋愛関係です。水のエレメントであるうお座は、いつも以上に愛情過多になるからです。一癖あるような相手や既婚者から言い寄られることが増えて、気が付くと相手との関係にどっぷり依存していることも。

恋愛に悩んでも、うお座は誰にも相談しません。それがますます歯止めがきかなくなる原因です。この時期の恋愛や結婚に関するトラブルは予想以上に長引いて大ごとになる傾向が。誰かに話を聞いてもらうだけでも気持ちの整理がつくので、秘めた関係ではなく、オープンな関係を築くようにしましょう。

うお座

金運

宝くじの購入は吉

うお座はお金に関して、あまり計画的ではありません。お金を使ってもその分、不思議と入ってくるので、お金にあまり困った経験がないからです。銀行よりもタンス預金をする人も多く、投資などにもあまり興味がありません。

「水星逆行」の時期は、ものを買うためのお金より、自分のスキルアップのためにお金を使うとよいでしょう。逆行の時期はもともと自分磨きに時間を使うことに適しているからです。

この時期、「学んでみたい」と思ったことは今のうお座にとって必要なこと。今すぐに始めなくても逆行の時期に下調べをしておくとよいでしょう。

またうお座のインスピレーションの鋭さは、金運にも影響を及ぼします。この時期、ピンときたタイミングで宝くじを購入すると、大当たりするかも。多額の購入はＮＧですが、お小遣い程度ならこの時期、試してみては。

うお座

健康

自律神経を整える音楽を聴くと◎

うお座は心身とのバランスがとても大事です。感受性の感度が高いので、良いことも悪いことも全身でキャッチしてしまうからです。ストレスの少ない時のうお座は、体調も良く、頑張りがききますが、ストレス過多になるとすぐに胃腸やのどにダメージがくるので注意が必要です。

とくに「水星逆行」に入ると、うお座は精神的にナーバスになりがち。小さなことが気になってネガティブモードになります。食欲が落ちてきたら黄色信号。疲れがたまってきたと感じたら、ストレスを和らげるビタミンCやカルシウムを多めに摂るのがおすすめ。つい刺激の強いものを食べがちですが、「水星逆行」の時期は、料理も濃いめの味より薄目の味付けで。また寝る前にクラシック音楽を聴くと、自律神経が整い、ぐっすり眠れます。スマホを見る時間も寝る1時間前には電源を切るようにすると脳の疲れの回復が早くなります。

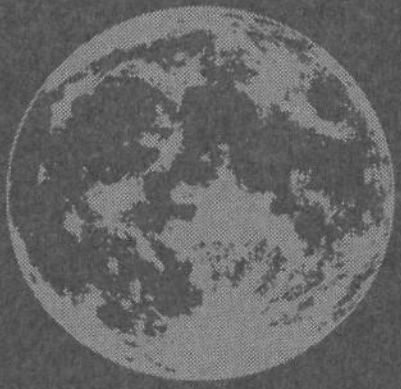

4章

要注意期間

「満月・新月×水星逆行」の過ごし方

地球は、月の引力の影響を大きく受けており、月の位置によって満潮や干潮が発生します。とくに「満月」や「新月」は人の心身に大きく影響を及ぼします。

そのため「水星逆行」と「満月」や「新月」の時は、注意が必要です。具体的にどんなことに注意したらよいのか、お伝えします。

月の満ち欠けは、体調やメンタルにも影響していた!?

「満月」はイライラしたり、情緒不安定になりがち

「水星逆行」時は、人間関係や通信機器にトラブルが起きやすくなるほか、自分を見つめ直す良いきっかけにもなります。

地球と深い関係にある月と「水星逆行」はより影響が強いと言われていますが、とくに「満月」や「新月」の時は、要注意です。

月の性質を紐とくことで、「水星逆行」時にどのように気をつけて過ごせばいいのか糸口が見えてきます。

まずは「満月」「新月」の定義からお伝えします。地球から見て、太陽の方向と月の方向の差が0度の瞬間が「新月」、90度の瞬間が上弦の月（半月）、180度の瞬間が「満月」、270度の瞬間が下弦の月（半月）と定義されています。およそ1カ月で地球を1周します。

月は地球を周回する衛星で、地球は月の引力の影響を受けています。海の満潮と干潮は、まさに地球と月の引力の影響によって発生します。

ちなみに、もし月がなかったらどうなるのでしょうか。月のない地球は、自転速度が今の地球よりずっと速く、1日はなんと24時間ではなく、8時間になります。強風が絶えず荒れ狂い、高い山も存在しません。よって生命の進化も遅くなってしまうのです。

逆にもしも月が地球にもっと近かったら……？　月が地球を周回する公転周期が短くなり、日食や月食が頻繁《ひんぱん》に起こると言われています。

最近の調査では、月は現在、年に約3cm程度の速さで地球から離れているのがわかっています。

では、「満月」は人にどのような影響を与えるのでしょうか。「満月」は私たちの心理状態、体調に影響を与えます。「満月」のパワーから、気分が高まりやすく、イライラしたり、情緒不安定になりがちになります。事故や凶悪な犯罪などが起こりやすい時期とされているので、注意が必要です。

「満月」の時は、月がもつ「感情を揺さぶる力」が高まっているので、気分が高揚して、不安になりやすいのです。

イギリスの医学雑誌の調査によると、アメリカ、イギリス、カナダ、オーストラリアで過去30年間に起こった「バイクの死亡事故」を調査したところ、満月の夜には三ヶ月などの夜に比べると5％の割合で事故が起こる確率が高まることがわかったそうです。

とくに月が地球に近づき、満月が大きく見える「スーパームーン」の場合は、32％も事故が増加するという調査結果もあります。

また「満月」は体調にも影響を及ぼします。月の満ち欠けから受ける影響で、むくみやすくなったり、体のだるさ、頭痛、やたらと眠くなるというデータもあります。

「新月」はエネルギーが不足しがちだが、浄化パワーが強い

では「新月」ではどのような影響があるのでしょうか。「新月」とは地球から見て月が見えていない状態になります。

太陽の光の反射が見えないので、結果的に地球から月の姿が見えないということです。つまり、地球と太陽の間に月がある状態で、一直線に並べると、「地球↓月↓太陽」の順番になります。

先にも述べたように、満月は気持ちが高ぶり心のバランスが乱れて事故が増えやすい傾向にありますが、新月は頭がボーッとして、体がだるくなってしまう傾向があります。

また「新月」の日は頭が痛くなったり、目が痛くなったりと体調を崩しやすいとも言われています。これは月からのエネルギーが不足している影響もありますが、スピ

リチュアル的には、新月のパワーで心身の穢《けが》れや悪いものを浄化してリセットしてくれる効果もあるとも言われています。

さらに「新月」は感覚が研ぎ澄まされやすいとき。体や心が緊張して、「満月」同様、神経が高ぶりやすくなります。人によっては細かいことにイライラしたり、小さいことを気にしてクヨクヨしがちになります。

焦燥感が強くなり、慎重さや冷静さに欠けてしまうケースもあるので、これらの変化を感じたら「新月」の影響だと思い、静かに体を休めましょう。

新月の影響は、1日のうちでも変化します。日中は体が重力から解放されますが、逆に夜になると「太陽＋月＋地球」の重力が最大になりストレスを受けやすくなります。

起床時に急な体調不良や体の痛みを感じやすくなることもあるので、朝はできるだけ時間に余裕を持って、ヨガやストレッチで血流を良くして、朝食もしっかり摂って体調を整えることをおすすめします。

満月×水星逆行の過ごし方

月のパワーと水星逆行のパワーで、トラブルも増大

ここまでお伝えしてきた「満月」の時、心身にどういった影響が出るのかをまとめてみると、

- 興奮状態になる
- 不眠
- 体のほてりや寝汗
- 関節や胃腸の不調
- 漠然とした不安感や緊張感

これらのように、満月の時は、感情を揺さぶる力が最高潮になるため、まさに喜怒哀楽がジェットコースターのように移り変わります。

これに「水星逆行」の影響がプラスされると、物事の停滞や不調和、コミュニケーション不足によるトラブルが余計に起きる可能性があります。

実は、満月の時にしないほうが良い行動があります。

以下に、満月の時のＮＧ行動をまとめてみました。

×願いごと
×ネガティブ発言
×ケンカ
×外科的治療
×暴飲暴食や激しいワークアウト
×激しいダイエット
×衝動買い

満月や新月は月の力が高まるため、願いごとをすると叶いやすいとも言われますが、私は満月の時の願いごとはおすすめしていません。また、満月の時こそ自分をいたわることに全力を傾けたほうが吉となります。エネルギーの高い「満月」だからこそ、リラクゼーションを受けたり、滋養のあるものを食べたりすることをおすすめしています。

これらの影響から「満月」×「水星逆行」では、NG行動が多くなります。この日だけは自分の感情や体調に敏感になって、できるだけいつもと違う行動はしないようにしたほうがよいでしょう。

ご参考までに「満月」×「水星逆行」を上手に乗り越えている方のエピソードを紹介します。

「私は人より敏感なタイプなので、『満月』の日は肩こりがひどくなったり、イライラしたりします。さらに『水星逆行』の時は、交通の遅延などのトラブルが多いので、両方が重なった日は、車の運転はしません。飛行機や新幹線での遠出も『満月×水星逆行』が重なる日には避けるようにしています。

人間関係のトラブルは自分次第で避けられますが、交通のトラブルだけは自分だけ注意しても避けられません。ならば、最初から車の運転や遠出はしないほうがいいと思っています」

新月×水星逆行の過ごし方

月のパワーが落ちることで、水星逆行の影響を受けやすい

日中は体が重力から解放され、夜は太陽・月・地球の重力が最大になる新月ですが、心身にどういった影響が出るのかを紹介します。

- ●起床時の体調不良や体の痛みを感じやすい
- ●頭痛や眼精疲労など体調を崩しやすい
- ●心身にたまった穢れや毒素が浄化され、リセットできる
- ●ネガティブな感情や思考が薄まる
- ●新しいことにチャレンジしやすい

といったことが生じます。願いごとをするなら、新月の日がおすすめです。
これに「水星逆行」の影響がプラスされるとどうなるのでしょうか。
物事の停滞や不調和、コミュニケーション不足によるトラブルに細心の注意さえ払っておけば、新月パワーを上手に利用したほうがいいともいえます。

ただし、「新月」の日のNG行動もあります。

×新月が始まる前に願いごとをする（願いごとは新月がスタートしてから）
×ネガティブな言葉や思考をする
×自分に無理をさせる
×ボイドタイム（太陽や惑星からのエネルギーが私たちのもとに届かない時間帯のこと）に願いごとをする

このような「新月」の影響を知っておけば大丈夫。あとは「水星逆行×新月」を利用して、上手に乗り切りましょう。

おわりに

―「新時代」をポジティブに生きるためのメッセージ―

「風の時代」と言われて久しいですが、２０２３年3月に冥王星がみずがめ座に入ることで、本格的にこれまでの価値観が崩壊するようなことが起こってきています。この「新時代」では、集団よりも個を重んじる傾向があり、情報や知識、コミュニケーション能力などの目に見えないものがますます重要視される時代になっていきます。

コミュニケーションを司る「水星」は、これからの時代に重要な役割を果たします。だから余計に逆行期間になると、マイナスの影響も強くなっていくのです。

では、「新時代」をポジティブに生きるためにはどうしたらいいでしょうか？　具体的に４つのポイントをお伝えします。

★品性を磨く

本書では繰り返し「水星逆行」には「その人の裏の顔や本性が出やすい」とお伝えしてきました。それは逆行期間だけでなく、順行期間でも言えます。それだけ「その人の品性が出る」時代だと言えます。表面上、お上品に振る舞っても、魂が下品な人は「本来の自分の姿」が表にさらされやすくなります。それはSNSかもしれませんし、人の噂かもしれません。いくら真面目に振る舞っても、素顔がバレてしまうのです。

逆もしかりで、「品のいい人」は、澄んだエネルギーが周囲にも伝播して同じ波長の人が集まり、良いチャンスにつながっていきます。それは決して目には見えないつながりですが、それを理解してキャッチできる人が新時代に幸せになる人です。

★本質重視で生きる

これまでの時代は表面的な「条件」が幸せの価値観を決めていました。いわゆる学歴や職業、年収などです。今後は多様性の時代になるので、どこかの集団に属して、皆と同じ考えで生きるのではなく。個々の本質が重要視されます。ジェンダーレスになりつつあるのも、その傾向です。

「自分は何があれば幸せか」「どのように生きるのか」、なかなか深いテーマですが、そこにこそ「人それぞれの本質」があります。今から意識して「自分は何が好きで、何が嫌いなのか」、自分なりのものさしを意識するようにしましょう。

★モヤモヤで終わらせない

「新時代」に移り変わってまだ間もないので、しばらくは「自分の中のモヤモヤ」がたくさんあると思います。とくに「水星逆行」の期間は、自分の中の「既存の価値観と自分らしい本質」の狭間を行ったり来たりすることが多くなるでしょう。

「水星逆行」の期間に起こったトラブルで、余計にモヤモヤが大きくなってしまう人もいると思います。

でも、これこそ、あなた自身が古い殻を破るチャンスと言えます。モヤモヤすることがあったら、丁寧に「なぜ私はモヤモヤしているのだろう?」「このモヤモヤは何が原因で、どうしたら晴れるのだろう」と、自分の心の奥底を見つめて何度も問いかけてみましょう。

何事も「モヤモヤのまま終わらせない」ことが、自分の中の問題を明確にして、新しい時代に合った自分にバージョンアップさせるのだと知っておいてほしいのです。

★心地の良い人になる

一緒にいると、楽しい気分になる人、元気になる人はいませんか？　これからは「一緒にいると、心地の良い人」が求められる時代になります。

あなたを圧迫する人、価値観を押し付けてくる人、コントロールしようとする人とは距離を置いて正解です。

誰からも好かれる必要はありませんが、あなた自身も「心地の良い人」になりましょう。それは簡単です。あなた自身が心地の良いことをして、心地の良い環境に身を置けばいいのです。

無理して他人に合わせ過ぎたり、自分の考えを曲げたりする必要はありません。世間の常識や価値観ではなく、あなたの心が「ＹＥＳ」と言うことをやっていけばいいのです。

そのためにも「水星逆行」の時に、自分の過去の振り返りをして、自分にとって必要なこと、不必要なことを棚卸しするには、もってこいです。

どんどん人生の中の優先順位を明白にして、心地の良いものをチョイスし、無駄なものは捨てていきましょう。

最後に、本書で私が一番伝えたいのは、「未来は人の意識がつくっていく」ということです。

「新時代」になって、漠然と未来に不安を抱く人が増えたと感じています。今までにないような特殊詐欺や海外のテロまがいの事件が起こるのも、人々の「不安のエネルギーが具現化」したものだと思うのです。

これからますます「目には見えないものが大事」になっていく時代になります。それを感じ取っているから「水星逆行」のトラブルも目立ってきているように感じるのだと思います。

この不安感を少しでもなくしたいと、私はこの本を書くことに決めました。「水星逆行」には悪いことばかり起きる、と思っている人が多ければ多いほど、現実はマイナスに引っ張られます。

そうではなく、「水星逆行」の落とし穴の対処法を知っていれば大丈夫！　と1人でも多くの方々に知ってほしいと思っています。

本書を出版するにあたって、多くの方々にお世話になりました。すべてがベストタイミングで、出すべき内容を出すべきタイミングで出版できたことに、私の使命があると感じざるを得ません。心から感謝を申し上げます。

「水星逆行」を乗り越えることで、皆さまの可能性と未来が開けてくれれば、こんなに嬉しいことはありません。

どこかで皆様にリアルでお会いする日を、心から楽しみにしています。

２０２３年11月

フォーチュンアドバイザー　イヴルルド遙華

巻末付録

mercury retrograde

水星逆行スケジュール

Schedule

2024年 火のエレメントで起こる「水星逆行」は自分らしさを振り返るとき

水星逆行が起こる期間	起こる場所
2023年12月13日 ～ 1月2日	やぎ座→いて座
4月2日 ～ 4月25日	おひつじ座
8月5日 ～ 8月29日	おとめ座→しし座
11月26日 ～ 12月16日	いて座

2025年 火と水のエレメントで起こる「水星逆行」は感情に振り回される

水星逆行が起こる期間	起こる場所
3月15日 ～ 4月7日	おひつじ座→うお座
7月18日 ～ 8月11日	しし座
11月10日 ～ 11月30日	いて座→さそり座

2026年 水のエレメントの影響で感受性が強くなり、傷つきやすくなる

水星逆行が起こる期間	起こる場所
2月26日 ～ 3月21日	うお座
6月30日 ～ 7月24日	かに座
10月24日 ～ 11月14日	さそり座

2027年

水と風のエレメントの影響で
計画通りに進まずにイライラ

水星逆行が起こる期間	起こる場所
2月10日 ～ 3月3日	うお座→みずがめ座
6月11日 ～ 7月5日	かに座→ふたご座
10月7日 ～ 10月28日	さそり座→てんびん座

2028年

風のエレメントで起こる「水星逆行」は
アイデアが実現しづらい

水星逆行が起こる期間	起こる場所
1月24日 ～ 2月14日	みずがめ座
5月21日 ～ 6月14日	ふたご座
9月20日 ～ 10月11日	てんびん座

2029年

土のエレメントの影響で
軽率な行動が多くなりがち

水星逆行が起こる期間	起こる場所
1月7日 ～ 1月28日	みずがめ座→やぎ座
5月2日 ～ 5月26日	おうし座
9月2日 ～ 9月25日	てんびん座→おとめ座
12月22日 ～ 2030年1月11日	やぎ座

2030年

土と火のエレメントの影響で
人間関係のトラブルが起きがち

水星逆行が起こる期間	起こる場所
2029年12月22日 ～ 1月11日	やぎ座
4月13日 ～ 5月7日	おうし座→おひつじ座
8月16日 ～ 9月8日	おとめ座
12月6日 ～ 12月26日	やぎ座→いて座

2031年

火のエレメントの影響で
過去のトラウマが再燃する可能性

水星逆行が起こる期間	起こる場所
3月26日 ～ 4月18日	おひつじ座
7月29日 ～ 8月22日	しし座
11月20日 ～ 12月10日	いて座→さそり座

2032年

火と水のエレメントの影響で
やる気をそがれる出来事が多発

水星逆行が起こる期間	起こる場所
3月8日 ～ 3月30日	おひつじ座→うお座
7月10日 ～ 8月3日	しし座→かに座
11月2日 ～ 11月22日	いて座→さそり座

2033年

水のエレメントで起こる「水星逆行」は
感情が爆発しがち

水星逆行が起こる期間	起こる場所
2月19日 ～ 3月13日	うお座
6月21日 ～ 7月15日	かに座
10月17日 ～ 11月6日	さそり座→てんびん座

2034年

風のエレメントで起こる「水星逆行」は
自由が制限される

水星逆行が起こる期間	起こる場所
2月2日 ～ 2月24日	みずがめ座
6月2日 ～ 6月26日	ふたご座
9月30日 ～ 10月21日	てんびん座

2035年

風と土のエレメントの影響で
慎重さに欠く行動が多くなる

水星逆行が起こる期間	起こる場所
1月17日 ～ 2月7日	みずがめ座→やぎ座
5月14日 ～ 6月6日	ふたご座→おうし座
9月13日 ～ 10月5日	てんびん座→おとめ座

2036年

土のエレメントで起こる「水星逆行」では
浮足立った行動に注意

水星逆行が起こる期間	起こる場所
1月1日 ～ 1月21日	やぎ座
4月23日 ～ 5月17日	おうし座
8月26日 ～ 9月18日	おとめ座
12月15日 ～2037年 1月4日	やぎ座→いて座

2037年

土と火のエレメントの影響で
理想が高くなり気難しくなる

水星逆行が起こる期間	起こる場所
2036年12月15日 ～ 1月4日	やぎ座→いて座
4月5日 ～ 4月29日	おうし座→おひつじ座
8月8日 ～ 9月1日	おとめ座→しし座
11月29日 ～ 12月19日	いて座

2038年

火と水のエレメントの影響で
親しい人との不協和音に注意

水星逆行が起こる期間	起こる場所
3月18日 ～ 4月10日	おひつじ座→うお座
7月21日 ～ 8月14日	しし座
11月12日 ～ 12月2日	いて座→さそり座

参考文献＆ WEBサイト

書籍

『真木あかりの超実践　星占い入門』
（真木あかり著 / 主婦の友社）

『究極の占星術事典』
（ゲイリー・ゴールドシュナイダー著 / 岡本由香子訳 /KADOKAWA）

『いちばんやさしい西洋占星術入門』
（ルネ・ヴァン・ダール研究所著 / ナツメ社）

『21 世紀　日本占星天文暦』
（ニール・F・マイケルセン著 / 青木良仁監修 / 魔女の家 BOOKS）

参考サイト

「cocoloni 占い館 sun」
https://honkaku-uranai.jp/

「葉月綾乃のメール鑑定ブログ」
https://hazuki-ayano.sakura.ne.jp/blog/

著者紹介

イヴルルド遙華
前向きなアドバイスが口コミで広がり、モデルやヘアメイク、エディターなどの業界で絶大な支持を得る、いま話題のフォーチュンアドバイザー。
西洋占星術、タロットをはじめ、人生の流れを24の節目で区切る「フォーチュンサイクル」など、幅広い占いを独学で研究する。ELLE ONLINE（ハースト婦人画報社）やVoCE（講談社）などさまざまなメディアに占いコンテンツを提供するほか、「櫻井・有吉 THE 夜会」「ヒルナンデス！」「ダウンタウン DX」「ラヴィット！」などにテレビ出演し、元気になれるアドバイスが大好評。
著書に『人生が輝く幸せの星座占い』（マイナビ出版）、『決定版 今からできる画数チェンジ よい名前 悪い名前』（小学館）、『風の時代に幸せをつかむ！“フォーチュンサイクル占い”』（主婦の友社）などがある。

「水星逆行《すいせいぎゃっこう》」占《うらな》い

2023年12月5日 第1刷

著　　者　イヴルルド遙《はる》華《か》
発 行 者　小澤源太郎

責任編集　株式会社 プライム涌光
電話　編集部　03(3203)2850

発 行 所　株式会社 青春出版社
東京都新宿区若松町12番1号 〒162-0056
振替番号　00190-7-98602
電話　営業部　03(3207)1916

印　刷　共同印刷　　製　本　大口製本

万一、落丁、乱丁がありました節は、お取りかえします。

ISBN978-4-413-23331-6 C0076